그림으로
읽는Q

잠 못들 정도로 재미있는 이야기

KB091016

고타 가쓰미 지음 ｜ 민경훈 감역 ｜ 양지영 옮김

BM (주)도서출판 성안당

'체간'이라는 말을 들었을 때 어떤 이미지가 떠오르는가?

과거에는 프로의식이 높은 운동선수가 경기 퍼포먼스를 향상하기 위해서 단련하였고, 최근에는 건강이나 다이어트에 관심이 있는 사람들도 체간을 단련하고 있다.

하지만 여기에 해당하지 않더라도 꼭 이 책을 꼭 읽어보길 바란다. 체간은 일상생활의 여러 가지 상황에 깊게 관련되어 있기 때문이다. 예를 들어 좋은 첫인상, 곧고 바른 자세, 간결한 몸동작은 체간의 균형을 단련하는 운동으로 만들어진다.

또한 체간의 힘으로 아침에 상쾌하게 일어나서 학교와 회사생활을 할 때 별로 피로를 느끼지 않고 업무, 학업, 취미 생활에 집중할 수 있는 이상적인 컨디션, 요통이나 어깨결림을 걱정하지 않아도 되는 유연함, 갑자기 일어나는 사고에도 잘 다치지 않는 몸의 안정감, 스트레스에도 끄떡없는 강한 정신력을 가질 수 있다.

체간을 단련하면 아이들은 몸과 마음 모두 건강하게 자랄 수 있도록 도움을 주고, 시니어는 은퇴 후 남은 인생을 활기차게 즐길 수 있게 한다.

이처럼 체간의 단련으로 인생을 좌지우지할 만큼의 몸과 마음에 변화가 생기는 이유는 무엇일까? 이 책에서는 그 이유를 알 수 있도록 풍부한

데이터와 그림, 쉬운 예를 들어 누구나 이해하기 쉽게 설명했다.

책에서 소개하는 체간 트레이닝은 집에서 누구나 할 수 있는 대표 홈 트레이닝으로, 겉으로 드러나지 않는 속근육도 정확하게 잡아 근육을 자극하면서도 무리하지 않고 지속할 수 있는 종목으로 구성했다.

이 책이 오랫동안 많은 사람에게 읽혀 자신은 물론 가족의 건강을 지키는 데 도움이 될 수 있기를 바란다.

사단법인 JAPAN 체간 밸런스 지도자협회 대표
고바 가쓰미

머리말 2

목차
체간
잘못된 정보로 재미있는 이야기

CONTENTS

제2장

일상생활에 도움이 되는 '체간력'

7

제5장

가족과 함께하는
체간 트레이닝

제 **1** 장

건강한 몸을 만들기 위한
'체간력'

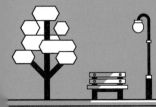

BREAKFASTS · LUNCH · DINNER · OPEN

01 날씬해도 예뻐 보이지 않는 이유는 체간이 약하기 때문이다!

보기 좋지 않은 체형, 통증과 노화의 원인이 될 수도

'다이어트를 했는데도 살이 하나도 빠져 보이지 않는다', '나이보다 늙어 보인다', '표정이 어두워서 종종 의욕이 없어 보인다고 오해받는다' 등, 겉모습 때문에 손해 본다고 생각한 적이 있을 것이다. 이런 고민은 사실 한번에 해결할 수 있다. 그 열쇠를 쥐고 있는 것이 '자세'이고, 자세를 유지하는 '체간력'이다. 등을 곧게 펴서 좋은 자세로 바꾸면, 그것만으로도 상대에게 훨씬 좋은 인상을 줄 수 있다.

바로 앞에 소중한 사람이 있을 때나 사진을 찍을 때는 자세를 고쳐 잡는 사람도, 업무를 보거나 집안일에 집중하거나 혼자서 세상 편하게 쉴 때는 마치 딴사람이 된 것 같은 자세로 있지는 않은가? 평소 자세에 무관심하면 겉모습만 손해를 보는 게 아니다. 어깨결림이나 요통의 원인 대부분이 일상생활의 자세나 몸의 사용법에 있다. 쉽게 피곤해지거나 아무리 잠을 자도 피로가 풀리지 않거나 아침부터 괜히 우울해지거나 할 때는 등이 굽어 있지 않은지, 고개를 숙이고 있지 않은지 반드시 체크해 보자. 또한 자세는 정신적인 면은 물론 노화 방지와도 깊은 관련이 있다.

한편 '좋은 자세가 중요한 것은 알지만, 좀처럼 지속하기가 어렵다. 문뜩 정신을 차려보면 원 상태로 돌아와 있다'라고 하는 사람도 있다. 그것은 바로 체간이 약해졌다는 증거. 우선 내 자세가 어떤 타입인지 확인하고 몸이 무너지는 원인을 찾아서 아름다운 자세를 되찾아 보자.

일상생활의 자세가 몸에 이상을 만드는 원인이 된다

'자세'는 모든 동작의 기본이다. 평소 익숙한 자세가 몸의 통증과 이상을 일으키는 원인이 될지도 모른다.

컴퓨터를 볼 때

화면을 가까이서 들여다보면 시선이 밑으로 향하면서 등이 굽어진다.

휴대폰을 볼 때

SNS나 게임에 푹 빠져서 머리가 아래로 향하고 있으면 목 주변의 근육이 긴장 상태가 된다.

설거지를 할 때

배에 힘을 주지 않은 상태로 서 있으면, 머리가 앞으로 기울면서 새우등이나 오리 궁둥이가 된다.

텔레비전을 볼 때

푹신한 소파에 긴 시간 앉아서 텔레비전을 보면 등과 허리가 굽는다.

평소 자세를 확인해 보자!

당신의 자세는 어떠한가?

머리가 앞으로
빠져있고
목덜미가 길게
늘어나 있다

→ p.14로

머리가 앞으로
빠져나왔다.

등받이와의
간격이 너무
떨어져 있다.

등이 굽어 있다

→ p.16으로

어깨가
말려 있다.

등이
굽어 있다.

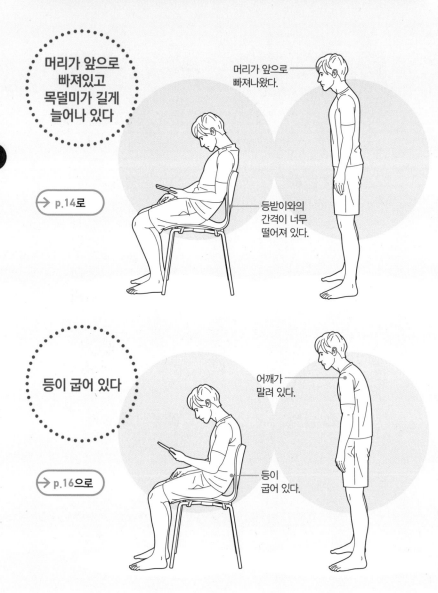

평소에 자연스럽게 하게 되는 4가지 자세이다.
만약 해당되는 것이 있다면 주의가 필요하다.
편하다고 그 자세를 계속 유지하다가는 갑자기 몸에 이상이 생길 수 있다.

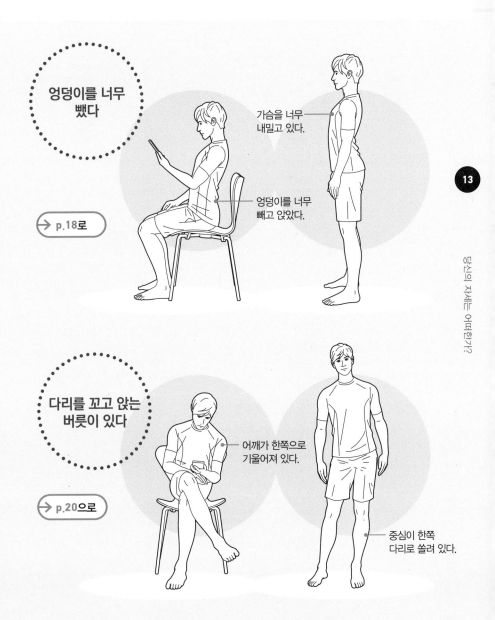

엉덩이를 너무
뺐다

→ p.18로

가슴을 너무
내밀고 있다.

엉덩이를 너무
빼고 앉았다.

다리를 꼬고 앉는
버릇이 있다

→ p.20으로

어깨가 한쪽으로
기울어져 있다.

중심이 한쪽
다리로 쏠려 있다.

당신의 자세는 어떠한가!?

02 젊은층에서 나타나는 '거북목'

두통, 어깨결림, 새우등, 요통의 시작

라이프스타일이 변하면 전에 없던 건강 문제가 생긴다. '거북목'이라는 부자연스러운 자세도 그중 하나. 자세가 무너지는 큰 요인으로 근력의 저하를 들 수 있는데, 거북목은 근력이 있는 젊은층에서도 많이 나타난다.

「핸드폰 사회 백서(2019년 판)」에 따르면, 초등학교 1학년생도 이미 50퍼센트 이상, 중학교 3학년생이 되면 약 90퍼센트의 아이들이 일상생활에서 휴대폰을 사용하고 있다. 게임이나 동영상, SNS 등에 집중하다 보면 시간 가는 줄 모르고 작은 화면을 들여다보게 된다. 자세를 보면 화면에 빨려 들어갈 듯이 머리가 앞쪽으로 쑥 빠져 있고, 목 뒷부분의 근육이 당겨져 긴장 상태가 되어 있다. 젊은층은 근력이 양호하고 유연해서 처음에는 통증이나 이상을 거의 자각하지 못한다. 그러나 이런 부자연스러운 자세가 오래 지속되면 긴장을 많이 해서 근육이 딱딱해지고 심하면 잠을 자다가 담이 걸리거나 목이 돌아가지 않는 증상이 생긴다. 초등학생부터 증가하는 두통이나 어깨결림의 원인이기도 하다.

거북목이 되면 배의 근육이 약해져서 등이 굽거나 요통의 원인이 되기도 한다. 체간의 균형이 무너져서 운동력 향상에도 영향을 미치기 때문에 아무리 열심히 연습해도 실력이 늘지 않는다. 중요한 시합에서 좋은 결과를 내지 못할 수도 있다. 편리하다 보니 손에서 쉽게 놓지 못하는 만큼 휴대폰은 자세에 더욱 신경을 쓰면서 지혜롭게 사용하도록 하자.

거북목으로 나타나는 몸의 이상

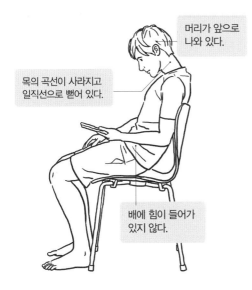

머리가 앞으로
나와 있다.

목의 곡선이 사라지고
일직선으로 뻗어 있다.

배에 힘이 들어가
있지 않다.

머리가 앞으로 나오면서 목덜미가 길어지면 목 주변의 근육이 긴장해서 관절도 딱딱해진다.
이 상태가 지속되면 혈액 순환이 나빠져서 어깨결림이나 두통을 일으킨다.

어깨결림

담

두통

등의 원인이 된다!

젊은 사람일수록 나타나기 쉬운 거북목

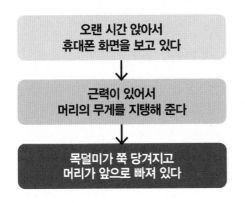

오랜 시간 앉아서
휴대폰 화면을 보고 있다

↓

근력이 있어서
머리의 무게를 지탱해 준다

↓

목덜미가 쭉 당겨지고
머리가 앞으로 빠져 있다

휴대폰 사용 시간이 긴 젊은층에게서 많이 보이는 자세다. 게다가 젊은 사람은 비교적 근력이 있는 편이라 머리가 앞으로 나온 상태에서도 근육이 지탱하는 힘이 있어 거북목 상태가 유지된다.

03 각종 신체 이상을 일으키는 '새우등'

> 만성 피로나 면역력 저하 등 영향이 온몸으로

나쁜 자세의 대명사라 할 수 있는 '새우등'. 오랜 시간 스마트폰이나 컴퓨터를 하면서 같은 자세를 유지하면 등이 굽어지기 쉽다. 등 근육을 쭉 뻗고 있을 때보다 굽은 자세로 있는 시간이 길어지면 그게 더 편하게 느껴진다. 바른 자세를 유지하는 복횡근(배가로근)과 다열근(여러갈래근)도 사용하지 못하고 서서히 근력이 저하된다.

새우등은 상상 이상으로 몸에 큰 부담을 준다. 인간의 머리 무게는 체중의 약 10퍼센트로 체중 60킬로그램인 사람의 경우에는 5~6킬로그램이나 되니, 무거운 볼링공을 올리고 있는 것이나 마찬가지이다. 등이 굽으면 굽을수록 목이나 어깨에 주는 부담이 커진다. 뉴욕의 척추외과의 케네스 한스라즈(Kenneth Hansraj) 박사 연구에 따르면, 머리를 앞으로 15도 기울였을 때 경추(목뼈)에 가해지는 부담은 약 12킬로그램, 60도 기울였을 때는 약 27킬로그램(머리 무게의 약 5배) 정도라고 한다.

그것을 지탱하는 경추를 비롯한 척추와 목·어깨·등의 근육은 비명을 지를 수밖에 없다. 목 결림, 경추의 곡선이 무너지거나, 어깨결림, 오십견, 눈의 피로, 요통은 말할 것도 없이, 자율 신경계에 이상이 생기거나 만성피로, 면역력 저하 등의 영향은 온몸에 미친다. 시니어의 경우에는 운동 능력의 저하로 다치거나 허약 상태, 인지증(일본은 2004년부터 치매를 이렇게 부른다)에 걸릴 가능성이 커진다. 겨우 새우등이라고 우습게 생각하지 말고, 체간을 단련해서 예방과 개선에 노력하자.

새우등으로 인해 나타나는 몸의 이상

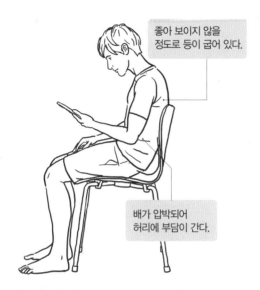

좋아 보이지 않을 정도로 등이 굽어 있다.

배가 압박되어 허리에 부담이 간다.

새우등은 몸을 압박해 큰 부담을 주는 자세다. 눈의 피로나 어깨결림만이 아닌 요통이나 변비, 자율신경계 이상까지 일으킨다.

어깨결림

요통

변비

등의 원인이 된다!

머리의 무게는 볼링공 1개 정도?!

사람의 머리 무게는 체중의 약 10퍼센트이다. 체중이 60킬로그램인 사람의 머리 무게는 약 6킬로그램이고, 볼링공(13파운드)과 비슷한 무게이다.

새우등은 머리 무게의 몇 배나 되는 부담이 목·어깨·허리에 가해지면서 몸에 여러 가지 이상을 일으킨다.

머리 무게 = 체중의 약 10%

체중이 60킬로그램인 사람의 경우…

머리 무게는 약 6킬로그램

➡ **볼링공 1개 정도의 무게와 비슷하다!**

04 보기에는 좋은 자세? 그러나 위험한 '오리 궁둥이'

만성 요통의 원인, 스타일도 나빠진다

가슴을 쑥 내밀고 엉덩이를 뒤로 뺀 자세인 '오리 궁둥이(골반전방경사)'도 조심해야 한다. 자각하지 못하는 사람도 많지만, 오리 궁둥이는 간단히 체크할 수 있다. 구두를 벗고 벽에 등을 대고 서는데 이때 발뒤꿈치는 벽에서 떨어뜨리고 머리와 등, 엉덩이는 벽에 붙인다. 그리고 벽과 허리 사이에 손을 넣었을 때 주먹이 들어갈 정도로 틈이 있으면 오리 궁둥이이다.

골반을 '물이 가득 찬 양동이'라고 상상해 보자. 체간의 근육이 제대로 작동하면 양동이(골반)는 수평을 유지해서 물이 넘치지 않는다. 오리 궁둥이는 자세를 유지하는 근육이 약해져서 그릇이 언제나 앞으로 기울어져 있는 상태이다. 그렇게 되면 양동이 물이 넘치는 것처럼 골반을 지지하던 내장도 앞으로 쏠려 아랫배가 튀어나오는 자세가 된다. 골반은 앞으로 기울어져 있는데 몸은 앞으로 넘어지지 않으려고 균형을 잡으면서 오리 궁둥이가 되는 것이다. 허리에 통증을 유발하기 쉬운 자세이면서 허벅지 앞쪽 근육에도 과도한 부담을 준다. 살찐 체형도 아닌데, 아랫배가 튀어나오고 허벅지 앞쪽이 두꺼워서 고민이라면, 오리 궁둥이가 아닌지 의심해 보자. 체간력이 약해진 데다 등 쪽 근육의 유연성이 부족하고 하이힐을 자주 신거나 임신 혹은 급격한 체중 증가로 체형이 변하거나 하는 요인이 겹치면 오리 궁둥이가 되기 쉽다. 만성 요통, 부종, 무지외반증, 내성발톱이 발생하기 전에 개선해야 할 좋지 않은 자세이다.

오리 궁둥이로 인해 나타나는 몸의 이상

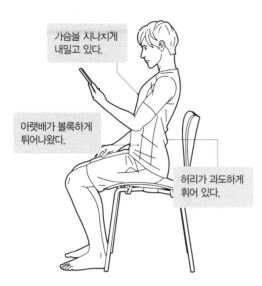

가슴을 지나치게 내밀고 있다.

아랫배가 볼록하게 튀어나왔다.

허리가 과도하게 휘어 있다.

허리가 과도하게 휘어서 골반이 틀어지는 원인이 된다. 요통을 일으킬 뿐만 아니라 아랫배가 앞으로 튀어나와서 살쪄 보인다.

요통

부종

아랫배 볼록

등의 원인이 된다!

오리 궁둥이 체크 방법

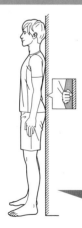

1. 신발을 벗고 벽에 등을 대고 선다.

2. 머리·등·엉덩이를 벽에 붙인다.

3. 벽과 허리 틈 사이로 손을 넣는다.

주먹 하나가 들어갈 정도면 오리 궁둥이! 손이 들어가 틈이 크면 클수록 오리 궁둥이일 가능성이 크다.

보기에는 좋은 자세? 그러나 위험한 '오리 궁둥이'

05 다리를 꼰 자세가 편하다면 몸이 틀어져 있다는 신호

나쁜 습관을 고쳐서 흔들리지 않는 축을 만든다

무의식중에 나타나는 버릇이나 습관도 체간력의 저하나 자세의 불균형을 알려준다. 예를 들면 숄더백을 항상 한쪽 어깨에만 맨다거나 의자에 앉자마자 다리를 꼬는 습관은 몸이 틀어지는 원인이 된다. 게다가 다리를 꼬지 않으면 불편하다거나 다리를 꼬는 것이 편한 경우에는 좌우의 골반 높이에 차이가 생기는 등 이미 몸이 틀어져 있을 가능성이 있다.

다리를 꼬고 있으면 올리고 있는 다리는 편하지만, 밑에 있는 다리에 중심이 쏠려 둔부 근육이 압박을 받는다. 근력이나 유연성도 균형이 무너져서 평소 자세도 비뚤어지고 골반도 조금씩 틀어진다.

우리 몸은 뼈와 근육으로 복잡하게 연결·연동되어 있어서 골반이 틀어진 채로 무거운 머리와 상체를 지지하다 보면 여러 부위에 영향을 미쳐서 좌우 어깨의 높이나 다리의 길이도 달라진다. 틀어진 몸은 부정 교합이나 두통, 어깨결림, 요통 등 몸에 이상을 초래하기 쉬우니 다리를 꼬고 앉는 습관은 지금 바로 개선하도록 하자.

야구나 축구, 테니스 등 몸의 사용이 좌우 크게 다른 스포츠에서도 몸이 틀어지면서 부상으로 고생하기도 한다. 외근육보다 내근육이 약하면 틀어짐이나 통증이 생기기 쉽다. 체간을 단련해서 몸의 중심이 흔들리지 않는 축을 만드는 것이 부상 예방이나 퍼포먼스 향상으로 이어진다.

다리를 꼰 자세 때문에 나타나는 몸의 이상

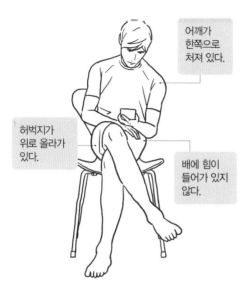

어깨가 한쪽으로 처져 있다.

허벅지가 위로 올라가 있다.

배에 힘이 들어가 있지 않다.

다리를 꼬는 것은 무의식적으로 몸을 편하게 하기 위해서다. 골반의 틀어짐이나 엉덩이 처짐, 다리가 두꺼워지는 등 체형이 불균형해지거나 요통을 일으키는 원인이 되기도 한다.

요통

엉덩이 처짐

다리가 두꺼워짐

등의 원인이 된다!

점점 체형의 불균형이 눈에 띈다?!

다리를 꼬면 꼰 다리 쪽 엉덩이 근육이 사용되지 않아 처진 엉덩이의 원인이 된다. 게다가 약해진 엉덩이 근육을 보완하기 위해서 허벅지 근육이 사용되어 두꺼워지면서 악순환이 계속된다. 골반과 척추에도 영향을 미쳐서 척추측만증의 원인이 되기도 한다.

╱ 처진 엉덩이! ╲   ╱ 두꺼워지는 허벅지! ╲   ╱ 척추측만증! ╲

06 바른 자세를 습관으로 만들자!

바른 자세는 몸에 생기는 이상을 방지하는 체간을 단련한다

바른 자세는 보기 좋은 것은 물론, 어깨결림이나 요통과 같은 몸의 이상이 생기기 어려운 몸을 만들고 집중력을 높여서 긍정적인 생각을 가지게 하니 꼭 습관으로 만들자. 구체적으로 어떤 자세가 좋은지 실천해 보자.

등을 쭉 펴고 턱을 가볍게 당기고 선다. 정면에서 봤을 때 어깨와 골반의 좌우 높이가 같은지 확인한다. 옆에서 봤을 때 귀·어깨·고관절·무릎·복사뼈를 연결하는 라인이 곧고, 손이 허벅지 바로 옆에 자연스럽게 내려와 있으면 좋다. 등이 굽어 있으면 손은 바로 옆이 아닌 앞쪽으로 나와 있게 된다. 의자에 앉아 있을 때도 귀·어깨·고관절이 일직선으로 정렬되게 한다. 발바닥을 바닥에 붙이고 고관절의 각도와 무릎의 각도는 90도를 기준으로 의자 높이를 조절하자. 낮은 의자나 몸이 푹 꺼지는 부드러운 소파는 허리에 부담이 크기 때문에 조심해야 한다. 또한 서 있을 때 추간판에 걸리는 부담이 100으로 치면 앉았을 때는 140, 앞으로 기울어져 있을 때는 185나 된다. 책상 업무가 중심인 생활이라면 장시간 앉아 있지 않도록 자주 몸을 움직여서 요통을 예방하자.

바른 자세일 때는 서 있거나 앉아 있을 때 배에 힘이 들어가서 자연스럽게 체간이 단련된다. 숨을 들이마실 때 천천히 배를 부풀리고, 숨을 내쉴 때 천천히 배를 집어넣는 드로인(draw-in) 운동법을 습관화하면 이 감각을 익히게 되어 자세를 유지하기 쉬워진다.

바른 자세는 귀 · 어깨 · 고관절이 일직선

귀·어깨·고관절이 일직선으로 정렬되어 있는 상태가 가장 좋은 자세다. 서 있는 자세의 경우에는 무릎과 복사뼈도 일직선으로 정렬되도록 한다. 앉은 자세일 때는 상반신과 고관절의 각도와 무릎의 각도가 90도가 되도록 한다.

서 있을 때 자세

앉아 있을 때 자세

불균형 자세는 몸에 부담을 준다!

서 있을 때 추간판에 걸리는 부담을 100으로 치면, 바른 자세로 앉아 있어도 140의 부담이 간다. 앞으로 기울어 앉아 있을 때의 부담은 185까지 상승한다. 몸에 부담이 되는 자세를 지속하면 요통과 같이 몸에 이상이 생기는 원인이 된다.

바른 자세에서도 140

앞으로 기울어진 자세일 때는 185까지 상승!

07 '체간'이란?

동작의 기점이 되고 자세를 유지하는 근육

최근 '체간'은 건강과 미용 면에서도 주목을 받고 있고, 텔레비전이나 잡지에서 접할 기회도 많아지고 있다. 그렇다면 체간은 실제로 몸의 어떤 부분을 말하는 것인지 확인해 보자.

몸은 두부, 상지(팔), 체간, 하지(다리)로 나뉘는데, '체간'이라는 말은 원래 의학 용어이다. 체간이란 흉부(가슴), 배부(등), 복부(배), 요부(허리)의 네 부분으로 구성된 몸통을 말한다. 팔과 다리에 비해 체간의 움직임은 눈으로 식별하기 어렵지만, 척추나 골반의 방향, 각도에 영향을 주는 근육이 집중되어 있다. 즉 자세를 유지하는 데 중요한 역할을 하는 것이 체간이다.

게다가 체간의 근육은 평소 여러 가지 움직임과 관련되어 있다. 예를 들어 '걷기', '달리기'와 같은 동작에서 허벅지를 들어 올릴 때는 먼저 허리 부분의 근육이 움직인다. 다리와 연동하도록 팔도 흔드는데, 이때도 팔 근육과 연결된 등 부분의 근육이 가장 처음에 사용된다. 또한 전철이나 버스가 갑자기 흔들릴 때 반사적으로 다리에 힘을 주고 버티면서 체간의 도움으로 넘어지지 않게 균형을 잡는다. 팔이나 다리를 움직이기 위해서는 상반신과 하반신 사이에 있는 체간의 근육이 작용해야 한다. 모든 동작의 시작 지점은 바로 '체간'이다.

일상생활 속에서 체간의 근육을 사용한다고 자각하는 사람이나 체간이 균형 있게 단련된 사람은 많지 않다. 왜냐하면 중요한 근육 대부분은 몸의 깊숙한 심부에 숨어 있기 때문이다.

체간 균형에 중요한 부분은 여기!

'체간'이란 머리와 목, 팔, 다리를 제외한 부분(주로 가슴, 등, 배, 허리)을 말한다. 자세 유지는 물론, 몸을 움직이는 기점이 되는 부분이다. 또한 하반신을 움직이는 엉덩이 근육도 몸의 균형을 잡기 위해서 꼭 필요하다.

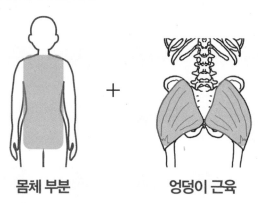

몸체 부분   +   엉덩이 근육

쉬운 동작으로 체간력 체크!

전철이 흔들릴 때 버티지 못하고 비틀거리는 일이 많다?!

전철이나 버스의 작은 흔들림에도 버티지 못한다면 체간력이 약해져 있을지도 모른다. 만약 그렇다면 지금부터 체간을 단련하자.

전철의 흔들림에도 버티지 못한다면 체간력이 약할지도!

08 체간은 속근육 단련과 겉근육 단련의 균형이 중요

체간 균형의 열쇠를 쥐고 있는 근육을 의식적으로 자극

우리 몸은 표층에 있는 겉근육과 심층에 있는 속근육으로 구성되어 있다. 겉근육은 팔의 알통이나 초콜릿 복근 등, 단련한 효과를 눈으로 확인하기 쉬운 근육이다. 이런 결과가 강한 동기 부여가 돼 근육 트레이닝을 열심히 하는 사람도 많을 것이다. 한편 속근육은 보거나 만지거나 하기 어려운, 이른바 뒤에서 서포트하는 스태프와 같은 근육이다. 눈에 잘 보이지 않기 때문에 목표가 되는 근육 위치를 알아 둬야 할 필요가 있다.

예를 들어 한 단어로 '복근'이라고 말해도 가장 표층에는 외복사근이 있고, 그 밑에는 내복사근, 심층부에는 복횡근이 있고, 앞쪽에는 복직근이 있다. 이와 같은 4개의 복근 중에서도 체간 트레이닝에서 중요시되는 부분은 속근육인 복횡근이다. 숨을 내쉬는 동작의 주요 근육으로 허리 부분에 가해지는 부담을 덜어 주는 역할을 한다.

트레이닝할 때는 자극하고 있는 부분을 의식하자. 모든 동작의 기점으로 기능해야 할 체간이 약해진 이유는 일상생활 속에서 충분히 사용되지 않기 때문이다. 체간부의 근육을 자극해서 겉근육과 속근육을 균형 있게 단련하면, 보기에도 아름다운 자세를 만들 수 있다. 더불어 쉽게 피곤해지지 않고, 군더더기 없는 동작의 이상적인 몸을 얻을 수 있다.

체간과 관련 있는 속근육과 겉근육

'체간'이란 기본적으로 머리·팔·다리를 제외한 몸통을 말한다. 근육은 층으로 이루어져 있는데, 체간의 대부분을 차지하는 배 근육은 전면에 복직근, 옆에는 표층에 외복사근, 그 밑에 내복사근, 심부에 복횡근이 있다. 트레이닝할 때는 겉근육에 집중하기 쉽지만, 체간을 단련하기 위해서는 겉근육과 속근육을 균형 있게 단련하는 게 중요하다.

배 근육의 구성

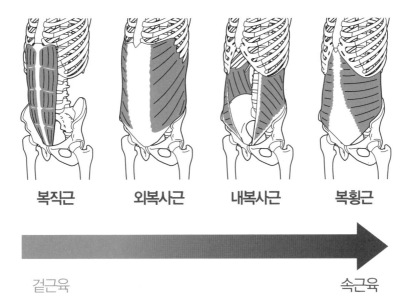

복직근　　　　외복사근　　　　내복사근　　　　복횡근

겉근육　　　　　　　　　　　　　　　　속근육

09 체간을 무시한 다이어트로 생긴 뱃살

복압을 향상하면 복근이 탄탄해진다

다이어트에 진심인 사람 대부분은 '그냥 마르고 싶어, 날씬해지고 싶어'라기보다는 '신경 쓰이는 부분의 살을 빼고 근육을 탄탄하게 만들어 탄력 있는 몸을 만들고 싶다'고 생각하지 않을까? 체지방을 줄이기 위해서는 섭취 칼로리를 줄이고 소비 칼로리를 늘려야 한다. 하지만 좋아하는 디저트를 참으면서 걷기와 달리기를 꾸준히 해봐도 이미 나온 배와 라인이 사라진 허리는 그대로이다. 그야 당연한 일, 체지방을 줄인다고 해서 뱃살은 빠지지 않기 때문이다.

피하 지방과 체지방이 늘어나면 허리도 두꺼워진다. 그리고 팔다리는 얇은데 배만 불룩 나온 사람도 적지 않다. 살찐 사람도 마른 사람도 뱃살이 있는 사람은 복압(복강 내 압력)이 약한 것이다. 횡격막 밑으로 주로 소화에 관련된 내장이 모여있는 공간인 복강의 압력을 '복압'이라고 한다. 복압을 좌우하는 것은 복대를 착용한 것처럼 배 부분을 지지하는 복횡근이나 척추를 연결하는 다열근, 천장에 해당하는 횡격막, 그리고 골반의 저부에 해먹처럼 펼쳐진 골반기저근이 있다. 이러한 네 부위의 속근육이 잘 연결되어 복압이 높아지면 등 근육이 쭉 펴지고 뱃살도 자연스럽게 빠지면서 탄탄해진다. 그런데 이러한 몸의 구조를 모르고 다이어트만 하면 기초 대사량이 줄면서 뱃살은 더 빨리 늘어난다.

체간력이 없으면 예쁘게 살을 뺄 수 없다!

'식사에 신경을 쓰는데도 좀체 이상적인 보디라인이 만들어지지 않는다'라고 느끼는 사람은 체간력이 부족한 것인지도 모른다. 복압이 없으면 아무리 식사를 제한하고 신경 써도 볼록 나온 배를 없애지 못한다.

복압이 약하다

내장이 정확한 위치에 자리 잡지 못하고, 척추가 많이 휘게 된다.

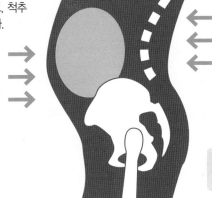

볼록 나온 배와 요통의 원인이 되기도!

복압이 강하다

배를 잘 지지하고 있어 척추도 곧고 골반도 안정적이다.

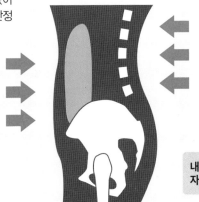

내장이 정확한 위치에 자리해서 뱃살이 빠진다!

10 근육을 깨워서 신진대사를 높인다!

기초 대사는 잘 때도 사용되는 에너지!

우리가 하루에 소비하는 에너지 중에 일상생활과 운동으로 몸을 움직이는 에너지는 30퍼센트 정도로 의외로 적고, 음식물 소화에는 약 10퍼센트의 에너지가 사용된다. 가장 많은 것은 전체 약 60퍼센트를 차지하는 신진대사인데, 잠을 잘 때도 사용되는 에너지로 그중 약 20퍼센트를 근육이 소비한다. 근육에는 몸을 움직이는 것 외에도 골격을 지지하거나 몸을 따뜻하게 만드는 기능이 있기 때문이다.

식사 제한으로 섭취하는 에너지가 부족해지면, 몸속에서는 저장했던 지방과 함께 근육도 분해해서 에너지로 바꿔 소비한다. 근육이 감소하면 할수록 잘 때도 소비되는 기초 대사량이 저하되어 더욱 살이 빠지기 어려운 체질이 된다. 기초 대사량이 떨어진 몸은 요요 현상이 오기 쉽고, 지방은 쉽게 회복되는 반면, 정말 중요한 근육은 꾸준히 운동하지 않으면 회복되지 않는다. 이것이 식사 제한에만 의존한 다이어트가 실패하는 원인이다.

앞에서 몸을 움직일 때 가장 먼저 사용되는 것이 '체간의 근육'이라고 했는데, 그래서 체간을 단련해서 잠자는 근육을 깨워야 지방 연소가 쉬워진다. 또한 체간을 단련하는 스트레칭도 혈류를 촉진해서 대사를 활발하게 하는 효과가 있다. 게다가 자세가 좋아질 뿐만 아니라 탄탄한 몸도 만들 수 있다.

체간력을 높여서 기초 대사량도 늘린다

식사 제한 등의 다이어트를 하는데도 체중이 줄지 않을 경우, 기초 대사량의 저하가 원인일지도 모른다. '기초 대사'란 호흡이나 심박 등 생명 유지를 위해 필요한 최소한의 에너지를 말하는데, 나이가 들수록 저하한다고 한다.

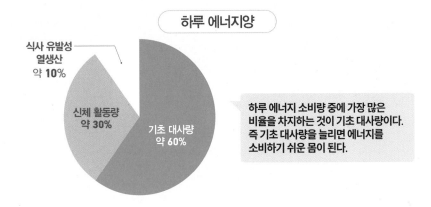

하루 에너지양

식사 유발성
열생산
약 **10%**

신체 활동량
약 **30%**

기초 대사량
약 **60%**

하루 에너지 소비량 중에 가장 많은 비율을 차지하는 것이 기초 대사량이다. 즉 기초 대사량을 늘리면 에너지를 소비하기 쉬운 몸이 된다.

조직별 기초 대사량의 비율

기타
16%

골격근
22%

지방 조직
4%

신장 8%

심장 9%

뇌
20%

간장
21%

기초 대사량 중에서도 에너지 소비량이 많은 부위는 골격근(뼈를 움직이는 근육)이다. 근육량은 자신의 의지로 늘릴 수 없지만, 체간이나 큰 근육을 단련하면 효율적인 방법으로 기초 대사량을 높일 수 있다.

출처: 일본 후생노동성 「e-헬스넷」을 참고로 작성

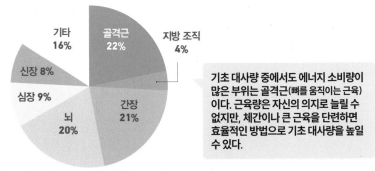

체간을 잘 관리하면
연소하기 쉬운 몸이 된다

근육을 깨워서 신진대사를 높인다!

11 체간은 성장기 아이는 물론 시니어에게도 매우 중요

부상을 예방하고 인생을 풍요롭게 만든다

체간은 트레이닝에 관심이 많은 세대는 물론 성장기 아이들이나 시니어에게도 인생을 좌우한다고 할 정도로 중요하다.

운동 신경은 유전만이 아닌 놀이, 운동 습관, 체험이 큰 영향을 준다. 성장의 황금기라 불리는 5세부터 12세까지는 신체나 운동 능력이 가장 급격하게 성장하는 중요한 시기인데, 이때를 어떻게 보내느냐가 이후의 인생을 결정한다. 최근에는 학원에서 어릴 때부터 운동을 시작하는 아이들이 늘고 있는데, 체력력이 있으면 쉽게 다치지도 않고 실력도 훨씬 빨리 는다. 운동선수를 목표로 하지 않아도 운동을 정말 좋아해서 즐길 수 있으면 사고방식이나 건강, 정신력, 인간관계 등 풍요로운 인생에 꼭 필요한 것들을 키울 수 있다.

시니어들은 여행이나 취미 등 정말 하고 싶은 일을 실현하기 위해서라도 늘 건강하게 활동할 수 있는 몸을 유지하는 게 가장 중요하다. 고령이 되면 등이 굽거나 허리와 다리가 약해지는 것은 어쩔 수 없는 일이라 생각할 수도 있지만, 그것은 잘못된 생각이다. 같은 나이라도 개인차는 나이를 먹으면 먹을수록 커지고 열 살 혹은 스무 살이나 젊어 보이는 사람도 있는 반면, 안타깝게도 그 반대인 사람도 있다. '이젠 먹을 만큼 먹었으니까'라는 말은 웃으면서 흘려 넘기고 조금씩 꾸준히 체간을 단련하자. 그리고 등 근육을 쭉 펴고 당당하게 걷자. 아무리 병에 걸리거나 다쳐서 입원을 하더라도 체간력이 있으면 거동이 불편해지는 위험은 훨씬 줄어든다.

아이들이 가장 많이 성장하는 성장의 황금기

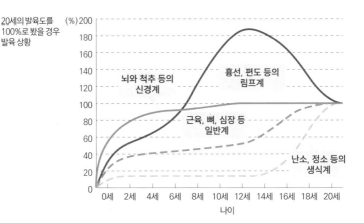

20세의 발육도를 100%로 봤을 경우 발육 상황

- 뇌와 척추 등의 신경계
- 흉선, 편도 등의 림프계
- 근육, 뼈, 심장 등 일반계
- 난소, 정소 등의 생식계

출처: Scammon, R, E, (1930), The measurement of the body in childhood, In Harris, J, A., Jackson., C, M., Paterson, D, G, and Scammon, R, E.(Eds), The Measurement of Man, Univ, of Minnesota Press, Minneapolis.

5~12세는 성장이 뚜렷한 시기인데, 그중에서도 신체 능력이나 운동 신경이 비약적으로 발달하는 시기이다. 이 시기에 경험한 동작으로 뇌가 자극받아 몸을 움직이는 방법이나 운동 능력을 단기간에 몸에 익힌다. 습득한 동작은 어른이 되어서도 잊어버리지 않는다는 특징이 있어 평생의 운동 능력에도 영향을 미친다.

시니어는 같은 나이라도 큰 차이가 생긴다!

나이를 먹을수록 체력이나 근력이 약해지는 경향이 있지만, 나이가 느껴지지 않을 정도로 젊고 건강한 사람도 있다. 그러한 큰 차이는 움직일 수 있는 몸인지 아닌지에 따라 달라진다. 체간력이 있으면 자신의 다리로 좋아하는 장소에 갈 수 있고, 몸도 마음도 언제나 활기차게 지낼 수 있다.

건강하고 활기차게!

걷는 것도 겨우…

체간력의 유무가 분기점!

제2장 성장기 아이는 물론 시니어에게도 매우 중요

12 누구나 할 수 있는 3가지 트레이닝으로 몸의 모드 전환

체간이 깨어나면 몸은 달라진다

체간을 제대로 사용하면 자세는 좋아지고, 어깨결림이나 요통으로 고생할 일도 없고, 몸도 유연해지고 쉽게 피곤해지지 않게 된다. 그런데도 우리는 왜 체간을 사용하지 않는 나쁜 자세를 고치기 어려울까? 그것은 교통이 발달하고, 어디를 가도 엘리베이터나 에스컬레이터가 있는 생활이 당연해졌기 때문이다. 편리함과 쾌적함의 대가로 체간을 단련할 기회는 사라진 것이다. 완전히 수면 상태로만 있다 보니 마르고 가늘어져 움직임이 불편해진 근육으로 자세를 바로잡으려 노력할수록 고통이 따르기만 할 뿐이다. 이런 상태에 있는 **체간의 근육을 깨워서 균형감 있게 사용할 수 있도록 만드는 열쇠가 '드로인 운동, 스트레칭, 체간 트레이닝' 3가지이다.**

드로인 운동은 공기를 천천히 들이마시면서 배를 팽창시키고, 천천히 숨을 뱉으면서 배를 수축시키는 운동이다. 체간의 강화에 빼놓을 수 없는 속근육에 자극을 준다. 스트레칭은 근육의 유연성과 균형 감각을 높여서 부상을 예방한다. 또한 근육에 자극이 쉽게 전해지기 때문에 근육 트레이닝의 효과를 증가시킨다. 체간 트레이닝은 자세를 잡아 주는 속근육이 주변 근육과 연동해서 원활하게 사용할 수 있도록 만든다. 이 3가지 트레이닝은 어디서든 할 수 있고 누구라도 무리 없이 지속할 수 있다. 겉모습도 젊어지고, 경쾌하고 자유롭게 움직이는 몸을 되찾기 위해서 오늘부터 바로 시작해 보자.

체간을 깨우기 위해서는 몸의 모든 근육을 자극!

근육은 몸의 앞에도, 옆에도, 뒤에도 붙어 있다. 몸을 깨우기 위해서는 이런 근육을 전부, 즉 몸의 모든 근육을 자극할 필요가 있다. 나이를 먹어도 피로를 모르는 젊은 몸을 만들기 위해서는 무엇보다 체간을 단련하는 게 중요하다.

몸의 모드를 전환하기 위한 3가지 단계

몸을 깨우기 위해서는 체간 트레이닝 하나만으로는 부족하다. 근육을 유연하게 해주는 스트레칭, 체간 트레이닝의 효과를 높여 주는 호흡법인 드로인 운동도 빼놓을 수 없다. 이런 단계를 거친 후에 체간 트레이닝을 하면 몸이 눈에 띄게 달라질 것이다.

누구나 할 수 있는 3가지 트레이닝으로 몸의 모드 전환

나카토모 유토 선수의 운명을 바꾼 체간 트레이닝

나카모토 유토 선수는 가와시마 에이지 선수, 하세베 마코토 선수와 나란히 일본인 최다 월드컵 대회에 11번 출전했고, 지금도 FC 도쿄에서 활약하고 있는 일본을 대표하는 프로 축구 선수이다. 하지만 그는 고등학생 때부터 요통으로 고생했고, 대학 시절에는 추간판 탈출증과 척추분리증으로 선수 생명이 위기에 처하기도 했다.

그때 속근육을 중심으로 유연성을 향상하기 시작하면서 복근 전부와 등 근육에 비해 약했던 복횡근과 복사근을 강화해서 근력의 균형을 개선하고, 체간부를 근육의 코르셋으로 덮는 것처럼 만들어 심각한 요통을 극복했다. 나카토모 선수는 지금도 체간 트레이닝을 꾸준히 하면서 그 중요성을 세계로 알리고 있다.

제 2 장

일상생활에 도움이 되는
'체간력'

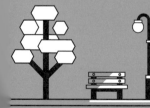

13 쉽게 지치지 않는 몸을 만들 수 있다!

피로 회복에도 도움이 되는 체간 트레이닝

아침부터 만원 전철에 시달리다 보면 회사에 도착할 때 즈음에는 이미 녹초. 일을 시작하기도 전에 피로를 느끼는데 오랜 시간 책상에서 업무를 하다 보면 어깨와 허리에 통증이 몰려온다.

학교에서는 첫 시간부터 피곤한 얼굴을 한 아이들이 대다수라고 한다. '잘 피곤해지고, 피로가 쉽게 풀리지 않는다'는 사람이 늘고 있는 배경에는 과로, 불규칙한 생활과 식습관, 수면 부족, 인간관계 등 다양한 요인이 있어 한 가지를 꼽아서 말하기는 어렵다.

그러나 확실한 것은 '유연하게 잘 움직이는 몸은 쉽게 지치지 않는다'라는 사실이다. 구체적으로는 관절의 가동 범위가 넓고, 근육끼리 연결이 잘되고, 근력도 충분한 상태이다. 예를 들어 걷는 동작에서는 관절의 가동 범위가 넓으면 적은 걸음 수로 이동할 수 있다. 고관절을 움직이는 장요근에서 대퇴전부에 있는 대퇴 사두근까지 부드럽게 연결되어 있으면 쓸데없는 힘을 사용하지 않아도 된다. 또한 근력이 강하면 피로를 적게 느낀다.

체간 트레이닝으로 모든 움직임의 기점이 되는 속근육 단련만이 아니라 드로인 운동이나 스트레칭도 같이하는 이유는 유연하게 잘 움직이고 쉽게 피곤해지지 않는 몸을 만들기 위해서다. 트레이닝을 지속하면 직장이나 집안일을 하다가 잠깐 짬이 났을 때 드로인 운동이나 스트레칭으로 피로를 해소하게 되면서 쉽게 지치지 않는 몸을 만들 수 있다.

자연스럽게 움직이고 싶은 몸으로

어깨결림이나 요통 등의 만성적인 몸의 통증도 약한 체간력이 원인일 수 있다. 체간을 단련하면 몸의 균형이 잡혀서 쉽게 피곤해지지 않는 몸으로 변한다.

우리를 괴롭히던 몸의 이상과 무기력함…

어느새 피로를 모르는 몸으로!

쉽게 지치지 않는 몸을 만들 수 있다!

14 균형 잡힌 몸은 잘 다치지 않는다!

외출, 운동, 등산을 맘껏 즐길 수 있다

전철을 놓칠 것 같아서 급하게 달리다가 넘어졌다거나, 갑자기 나타난 자전거를 피하려다가 인대가 늘어났다거나, 아이의 운동회에서 뛰다가 요란스럽게 넘어졌다거나, 한창나이인데도 예상치 못한 부상을 당하기도 한다. 일상생활이 불편해져서 직장에도 지장을 주고, 기대하던 휴일도 엉망진창으로 만드는 부상. 할 수만 있다면 피하고 싶다.

몸의 균형이 무너졌을 때 버티지 못하고 넘어지거나 인대가 늘어나는 것은 체간이 약해졌다는 증거이다. 게다가 몸이 틀어져서 근력의 균형이 무너지거나 유연성이 저하되면 아주 작은 일에도 다치기 쉽다.

체간 트레이닝은 체간의 근력은 물론 유연성과 균형 감각을 높이기 위한 목적으로 한다. 일상생활에서 의식적으로 사용하지 않는 속근육이 깨어나면, 몸의 균형 감각이 높아진다. 그렇게 되면 몸의 중심에 하나의 코어가 자리 잡은 것처럼 흔들리지 않는 축을 만들 수 있다. 체간부가 안정되어 다소의 흔들림이나 충격에도 끄떡하지 않는 몸으로 변한다. 근육끼리의 연동도 원활해지면서 여러 가지 동작이 부드러워지고 반사적으로 위험을 피할 수 있게 된다. 예상치 못한 부상을 당할 일도 없고, 일상생활에서 외출, 운동, 등산까지 마음껏 즐길 수 있게 된다.

체간력이 약해져서 잘 다치는 메커니즘

체간력이 약해지면서 발생하는 몸이 틀어짐은 몸이 균형을 무너뜨리고 몸에 이상을 일으킬 뿐만 아니라 잘 다치게 된다.

체간력이 약해진다

체간력이 약해지면 바른 자세를 유지할 수 없게 되고 몸이 틀어진다. 이 상태가 지속되면 근력이 불균형해지면서 몸의 균형이 무너진다.

몸의 균형이 무너진다

몸의 균형이 무너지면 버티지 못해서 잘 넘어지거나, 갑자기 멈추지 못하게 된다. 별거 아닌 일이 사고나 부상의 원인이 되는 것이다.

부상당하기 쉬운 몸으로!

41

체간력이 단련되면!

체간력을 단련하면 평소의 자세나 습관이 버릇으로 쌓이면서 틀어진 몸의 균형이 잡히고, 순발력과 반사 신경이 개선되면서 버티는 힘도 생겨 잘 다치지 않는 몸이 된다.

순발력이나 반사 신경이 향상된다

결과

부상을 방지할 수 있다!

15 '제2의 뇌'인 장을 활성화한다!

행복 호르몬 '세로토닌'은 장에서 만들어진다

체간부의 속근육이 약해지면, 배변이 원활하지 않게 되어 변비의 원인이 된다. 장 내에는 몸 전체의 60퍼센트 이상의 면역 세포가 존재하기 때문에 장내 환경이 악화하면 병에 걸리기 쉽다.

장에는 뇌 다음으로 신경 세포가 집중되어 있다. 장은 뇌와 밀접한 관련이 있는데, 뇌의 명령이 없어도 기능할 수 있어 '제2의 뇌'라고도 부른다. 게다가 마음의 균형을 맞추는 신경 전달 세포 '세로토닌'의 95퍼센트가 장에서 만들어진다. '행복 호르몬'이라고 불리는 세로토닌은 행복감을 느끼게 해서 심신을 편안하게 하는 효과가 있는 물질이다. 예를 들면 식사 후에 노곤해지면서 잠이 온다. 이것은 장이 활발하게 활동하면서 세로토닌이 왕성하게 분비되기 때문이다. 반대로 긴장하면 복통이 생기거나, 심한 스트레스로 인해 변비나 설사 증상이 나타나기도 한다. 이와 같이 마음과 장은 상호 작용을 하고 있다.

장의 상태가 좋으면 행복감을 느끼게 하는 세로토닌이 잘 분비되고, 스트레스가 줄면서 마음의 균형도 유지할 수 있다. 장을 활성화하는 것은 식사만이 아니다. 배나 등과 같은 체간부의 속근육을 단련하면 복압을 높여 내장 활동을 활발하게 하는 효과가 있다. 장의 기능도 향상할 수 있는 것이다.

장이 마음의 균형을 잡아 준다

장은 음식물을 소화·흡수할 뿐만 아니라 마음의 균형을 잡아 주는 신경 전달 물질 세로토닌의 약 50퍼센트를 생성하고 있어서 마음에도 매우 중요한 장기이다.

체간 트레이닝으로 속근육을 단련한다
배나 등, 허리 등의 근육을 단련해서 복압을 높이고 내장 활동을 활발하게 한다.

장운동이 활발해져서 세로토닌이 분비된다
장운동이 활발해지면 마음 안정에 효과가 있는 세로토닌의 분비가 활성화된다.

정신이 안정되면서 마음의 균형을 유지한다
스트레스가 줄고 정신이 안정되면서 마음의 균형을 유지할 수 있다.

16 푹 자고 상쾌한 기상!

수면의 질을 좌우한 것도 장!

'수면 부채'라는 말을 들어본 적이 있을 것이다. 수면 부족이 빚처럼 쌓여 여러 가지 몸의 이상을 일으키는 상태를 말한다. 현대인들은 점점 수면 시간이 짧고, 피곤한데 잠이 들 때까지 시간이 걸리고, 잠을 자도 피로가 풀리지 않는 데다, 잠을 푹 못 자 오전 중이나 낮에 강한 졸음이 몰려오는 등 수면 장애가 증가하고 있다. 양질의 수면을 충분히 취하지 못하면 면역력 저하나 생활 습관병에 걸릴 위험성이 높아지고, 정신적인 면에서도 우울증에 빠지기 쉽다.

수면의 질을 저하하는 요인은 체내 시계의 교란이나 스트레스인데, 장의 활동도 수면의 질을 좌우한다. 수면 리듬을 조절하는 호르몬인 '멜라토닌'의 생성에는 단백질이 분해되어 생기는 아미노산의 일종인 '트립토판'이 필요하다. 또한 장에서 만들어지는 행복 호르몬 '세로토닌'은 멜라토닌이 되기 전 단계의 물질. 세로토닌의 분비가 감소하면 멜라토닌도 줄어드는 것이다.

체간 트레이닝으로 장 활동이 좋아지면, 멜라토닌의 분비도 원활해져 수면 리듬을 맞출 수 있다. 세로토닌도 증가하기 때문에 마음이 안정되고 부교감 신경의 활동이 나아지면서 잠을 푹 자게 되어 수면의 질도 향상한다. 취침 전에 스트레칭으로 근육을 풀어 주는 것도 기분 좋은 아침 기상에 도움이 된다.

일본인 약 5명 중 1명이 수면 장애?!

수면은 사람이 건강을 유지하는 데 매우 중요한 것. 그럼에도 불구하고 일본인 약 5명 중 1명이 양질의 수면이 부족하다고 느끼고 있다.

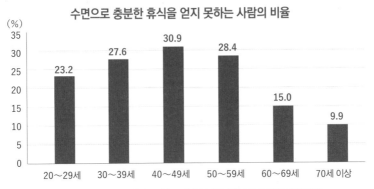

수면으로 충분한 휴식을 얻지 못하는 사람의 비율

출처: 일본 후생노동성 「2017년 '국민 건강 · 영양 조사」의 결과를 참고로 작성

체간을 단련하면 수면의 질이 향상된다!

체간을 단련하면 장의 활동이 활성화된다. 멜라토닌의 분비도 원활해져서 잠을 잘 자게 된다. 또한 자율 신경을 조절하는 세로토닌의 분비가 활발해져서 마음이 안정되면서 질 좋은 수면으로 연결된다.

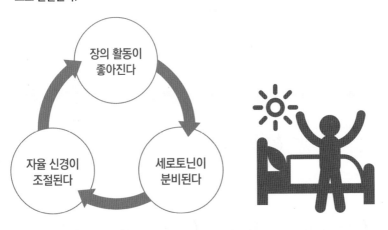

17 오래된 요통과 어깨결림에서 해방

근육을 풀어 부드럽게 해서 균형 있게 단련한다

평소 느끼는 몸의 이상에 대한 설문 조사에서 '요통'과 '어깨결림'은 상위를 차지하는 단골이다. 그러다 보니 텔레비전이나 건강 잡지에서 자주 다뤄지는데, 해소법을 그대로 믿고 따라 하다가 역효과가 나기도 한다. 다음의 잘못된 행동을 체크해 보자.

통증이 있을 때는 과도한 트레이닝으로 염증을 악화시키는 일도 있으므로 우선 통증으로 굳어진 근육을 부드럽게 만든다. 근육을 풀어 주는 것은 어깨결림이나 요통 개선에 꼭 필요하다. 체간 트레이닝의 기본인 드로인 운동은 똑바로 누워서 몸 옆에 손을 두고 손바닥을 바닥에 붙이는 요통 체조에 호흡을 적용한 소위 요통 체조의 진화 판이다. (→70쪽)

만성 어깨결림이나 요통이 있을 때 몸을 따뜻하게 해서 혈행을 좋게 하면, 노폐물이나 통증의 원인이 되는 물질의 배출이 촉진되면서 증상이 완화된다. 몸이 따뜻해지면 관절이나 근육의 움직임이 좋아져서 스트레칭이나 근육 트레이닝의 효과도 향상된다. 갑작스러운 통증에는 안정이 필요하지만, 그렇게 근육을 쉬게 하는 것만으로는 몸의 이상을 해소할 수 없다. 증상이 가라앉으면 어깨결림과 요통의 원인인 체간의 근력 부족이나 틀어짐을 발생하는 근력의 불균형을 해소하도록 한다. 즉 근육 트레이닝을 실천해서 통증을 해소하고 예방하자. 몸이 가뿐해지고 자유롭게 움직일 수 있는 몸의 즐거운 변화를 꼭 느껴보길 바란다.

사실은 역효과! 요통·어깨결림에 잘못된 행동

요통에
잘못된 행동

효과가 좋다는 허리 체조를 전부 시도해 본다

다양한 방법이 소개되고 있지만, 그것이 자신의 허리 상태에 딱 맞는 방법이라고 단정할 수 없다. '좋다고 하니까'라고 무조건 따라 하는 것은 오히려 위험하다.

허리가 아프다고 무조건 안정만 취한다

허리를 삐면 통증이 무서워서 움직이고 싶지 않다. 그러나 다 나은 후에도 움직이지 않으면 근력이 약해져 몸의 상태가 나빠지는 등 악순환에 빠진다.

무조건 허리를 쭉 편다

허리가 아프다고 해서 스트레칭으로 과도하게 늘리는 것은 위험하다. 무리하게 늘리다가 근육이 파열되면 통증이 사라지지 않을 뿐만 아니라 상태가 더 나빠질 가능성도 있다.

어깨결림에
잘못된 행동

어깨나 등을 두드린다

굳은 부분을 두드리면 순간 편안해지는 느낌이 들지만, 필요 이상으로 자극을 가하면 근육 조직이 손상되어 염증을 일으키는 역효과가 생길 수 있다.

시원하다고 목을 소리가 나도록 꺾는다

뚝 하고 나는 소리의 정체는 관절 사이에 있는 기포가 파열된 것. 과도하게 꺾으면 관절면이 손상될 수 있다.

물건을 잘 보이는 자리에 둔다

아무리 사용하기 편한 자리에 둔다고 해도 나쁜 자세의 원인이 되면 증상이 나빠질 뿐이다. 어깨결림의 개선에는 바른 자세가 중요하다.

COLUMN

진단이 필요한 통증 구별법

어깨결림이나 요통 등 만성 통증을 개선하기 위해 체간 트레이닝을 시작할 때는 반드시 '복압'을 의식한다. 복압이 없으면 허리가 휘기 쉽고, 트레이닝의 효과도 없을 뿐만 아니라 통증이 악화하기 때문이다. 우선 드로인 운동으로 복압이 가해진 감각을 기억한 다음에 시작하는 게 좋다. 바른 자세로 하는 것도 중요하다. 또한 서고, 걷고, 앉고, 식사하는 일상의 동작에도 복압을 의식하면서 섬세하게 자세를 체크한다. 통증은 몸을 굳혀서 가동 범위를 좁히므로 스트레칭도 습관화하자. 그렇게 하다 보면 통증이 조금씩 개선되는 것을 느낄 수 있다.

이러한 점들을 지키면서 트레이닝을 해도 통증이 2일 이상 지속하거나 통증만이 아닌 저림이나 열이 있을 때는 예상치 못한 원인이 내재해 있을 가능성이 있다. 또한 넘어지는 등 외상 원인이 확실하고 통증이 심할 때는 의료 기관에서 진찰을 받도록 하자.

제 3 장

꼭 알아야 하는
체간 트레이닝의 기본

18 운동 신경과는 상관없다!
놀라울 정도로 움직이기 쉬운 몸으로!

악순환의 고리를 끊고, 풍요로운 인생을!

현대 사회 속에서 살아가는 우리는 몸을 움직이지 않고 일이 해결되면 편리하고 쾌적하다고 생각한다. 하지만 그게 원인이 되어 자신도 모르는 사이에 근력이 약해지거나 자세가 무너지면서 어깨결림·요통 등 다양한 몸의 이상을 일으킨다. 그러면 움직이는 게 힘들어져서 유연성의 저하나 비만이 되기 쉬워진다. **평소 생활만으로도 우리는 누구나 이런 악순환의 고리에 갇힐 가능성이 있다.**

체간 트레이닝을 지속하면 근력과 가동력이 향상되어 체간의 균형이 좋아지고, 조금씩 몸에 변화가 생기는 것을 느낄 수 있다. 생각이 긍정적으로 바뀌고 마음에도 여유가 생긴다. 내장의 기능도 좋아지고 수면의 질도 향상된다. 이것은 본래 가지고 있던 심신의 힘을 회복하기 시작한다는 신호. 등 근육이 곧게 서고 뱃살이 들어가면서 보기에도 변화를 자각할 수 있다.

그것을 기회 삼아 라이프스타일도 점검해 보자. 책상 업무처럼 계속 같은 자세 때문에 생기는 피로나 인간관계에서 발생하는 정신적 피로는 가볍게 몸을 움직이는 적극적 휴식(Active Rest)으로 해소한다. 새로운 운동을 시작하는 것도 좋다. 체간 균형이 좋으면 의외로 쉽게 익숙해져서 평생 즐길 수 있는 취미가 된다. **움직일 수 있는 몸과 움직이는 습관은 당신의 가능성을 넓혀서 풍요로운 인생을 가져다준다.**

몸을 움직이는 일이 쉬워지기만 해도 즐거움이 늘어난다!

일상생활에서 움직임이 편해졌다고 실감할 수 있는 것은 물론, 운동 습관이 없는 사람도 운동 등의 몸을 움직이는 일이 즐거워진다.

운동 모임도 괴롭지 않다!

운동 습관이 없는 사람에게는 좀처럼 마음이 내키지 않는 운동도 체간이 튼튼해지면 자연스럽게 활동량이 향상된다.

아이들과 함께하는 활동도 즐길 수 있다!

힘이 넘치는 아이들을 상대하는 일은 쉽지 않다. 체간력이 있으면 체력이 넘치는 아이들과도 활동을 즐길 수 있다.

새로운 취미의 폭이 넓어진다

운동 부족이 신경 쓰여 자신 없다는 생각으로 도전하지 못하는 사람도 많을 것이다. 체간력이 좋아지면 다칠 위험도 줄어서 도전하기 쉬워진다.

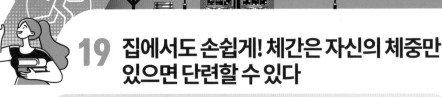

19 집에서도 손쉽게! 체간은 자신의 체중만 있으면 단련할 수 있다

간단한 트레이닝으로 확실하게 몸이 변한다

'좋은 일은 서둘러라, 쇠뿔도 단김에 빼라'는 말이 있다. 하루라도 빨리 오늘부터 트레이닝을 시작하려고 해도 뭔가 특별한 기구가 필요하다든가 헬스장에 다녀야만 할 수 있다면, 비용이나 시간도 힘들게 궁리해야 한다. 이 책에서 소개하는 체간 트레이닝은 드로인 운동이나 스트레칭을 포함해서 특별한 기구는 하나도 필요 없다. 필요한 것은 자신의 체중뿐이기 때문에 언제 어디서든 생각나면 바로 시작할 수 있다. 자신의 체중을 사용하는 트레이닝은 근육과 관절에 과도한 부담을 주는 일도 없고 안전성이 높아서 아이들에서 시니어까지 가볍게 시도할 수 있다.

게다가 트레이닝 하나하나가 간단한 데다 시간도 걸리지 않는다. 힘들지도 않고 꾸준히 하는 것만으로도 몸은 확실히 변한다. 복압이나 체간 균형, 유연성의 저하로 인해서 발생하는 몸의 이상을 개선하거나 스타일을 좋게 하는 등 고민거리를 해결할 수 있는 별도의 운동도 적용하고 있어서 익숙해지면 트레이닝 메뉴를 각자 취향에 맞게 변경하는 것도 권한다.

확실한 결과를 얻고 싶다면 트레이닝을 잘못된 방식대로 하는 건 아닌지, 항상 효과를 확인하면서 한다. 일상생활 속에서도 자세나 복압을 의식해 보자. 아주 작은 몸의 사용법을 바꾸기만 해도 작은 것이 쌓여서 큰 성과를 낼 수 있다.

언제 어디서나 단련할 수 있다!

체간 트레이닝은 특별한 도구 없이 단련할 수 있어서 누구나 바로 시작할 수 있다. 장소도 상관없어 자신의 상황에 맞추기만 하면 된다.

특별한 도구가 필요 없다!

자기 체중으로 할 수 있는 트레이닝뿐이라서 기구를 준비할 필요가 없다. 필요한 힘도 자기 페이스에 맞춰서 조절할 수 있다.

시간을 들이지 않고 할 수 있다!

하루에 몇 분이면 할 수 있는 트레이닝이라서 아무리 바쁜 사람도 방송 사이 광고나 잠자기 전 등 잠깐 짬이 생겼을 때 할 수 있다.

장소에 상관없이 할 수 있다!

장소가 넓지 않아도 할 수 있어 집에서도 쉽게 실천할 수 있다. 생각났을 때 바로 실행할 수 있다는 점도 긍정적인 포인트다.

집에서도 손쉽게! 체간은 자신의 체중만 있으면 단련할 수 있다

20 체간력을 단련하는 기본은 복식 호흡

몸의 안쪽에서부터 배를 꽉 조인다

체간 트레이닝의 기본이 되는 것은 '드로인 운동(Draw-in)'이라는 호흡법이다. 근육을 단련하는데 왜 그토록 호흡법이 중요한 건지 궁금하게 생각하는 사람도 있을 것이다. '드로인 운동'이란 공기를 깊게 들이마셔서 배를 부풀리고, 내쉴 때는 숨을 전부 뱉어내듯이 배를 쏙 들어가게 하는 '복식 호흡법'이라고도 불린다.

아주 단순한 움직임처럼 보이지만, 초음파(에코) 영상으로 힘이 없을 때의 배 근육과 비교해 보면 그 차이는 역력하다. 힘이 없을 때는 거의 움직이지 않던 복횡근과 그 위에 있는 복사근이 크게 수축한다. 몸의 안쪽에서부터 배가 조여져서 복압이 높아지고 복압과 관련 있는 속근육의 횡격막과 골반 기저근에도 자극을 줄 수 있다. 체간부가 효과적으로 강화되기 때문에 겉근육과의 연동성도 높아진다. 그러면 움직일 수 있는 근육이 늘어나서 기초 대사가 올라가고 지방이 연소되기 쉬워진다. 복압이 높아지면 내장 활동도 활성화되어 수면 리듬이나 자율 신경의 균형도 좋아진다. 게다가 척추의 S자 라인도 예쁘게 자리를 잡고 볼록 튀어나온 아랫배도 살이 빠지고 탄탄해진다.

체간을 단련하면 좋다고 하니 무조건 복근이나 등근육을 단련하는 사람이 있는데, 자기 방식으로 겉근육만 단련하는 것보다 드로인 운동이나 스트레칭의 중요성을 이해하고 효과적으로 체간을 단련하자.

이 정도로 다르다! 복식 호흡할 때의 근육이 사용되는 모습

아래의 초음파 사진은 복식 호흡을 하기 전과 후의 근육 움직임을 촬영한 것이다. 복식 호흡을 하기만 해도 근육이 확실히 움직이고 있다는 것을 알 수 있다.

힘이 없을 때 배의 근육

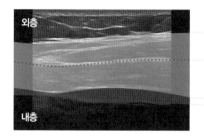

외복사근 3.7mm

내복사근 6.6mm

복횡근 2.9mm

복식 호흡할 때 배의 근육

외복사근 4.8mm

내복사근 11.9mm

복횡근 7.3mm

사진 제공: 이가라시 접골원

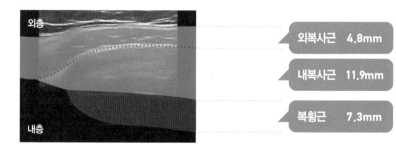

복식 호흡이 가능해지면
배를 단련할 수 있다!

제2법칙! 단련하는 기본은 복식 호흡

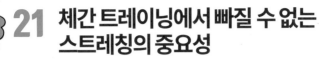

21 체간 트레이닝에서 빠질 수 없는 스트레칭의 중요성

부상을 예방하고 근력 트레이닝 효과를 높여 주며 피로를 줄인다

　　최근에 근력과 활동성이 저하하기 때문에 근력 트레이닝 전에 스트레칭을 할 필요가 없다는 주장도 있다. 그러나 장점이 많은 만큼 체간 트레이닝하기 전에는 꼭 스트레칭을 권한다. 57쪽 하단에 있는 그림처럼 자세가 좋은 사람은 속근육의 근력과 유연성이 유지되어서 가지런하게 쌓인 나무처럼 척추가 바르고 안정되어 있다. 반면 자세가 나쁜 사람은 유연하지 않고 뻣뻣한 근육이 뼈를 당기고 있어서 아주 작은 충격에도 틀어져서 통증을 유발하기도 한다. 구부정한 자세나 오래 서 있거나, 앉아서 지내는 일이 많으면 젊은 사람이라도 관절이 쉽게 굳고 자세도 무너지기 쉽다. 트레이닝 전에는 스트레칭으로 굳은 근육을 풀어줘서 부상을 예방하도록 하자.

　　스트레칭으로 근육을 풀어 주면 관절의 가역성이 넓어져서 몸을 움직이기 쉬워지고 정확한 자세로 원하는 근육을 정확하게 단련할 수 있다. 근육을 늘리는 것으로 혈행이 촉진되면 자극이 원활하게 전해지면서 트레이닝 효과를 높일 수 있다. 게다가 혈액 순환이 좋아지면, 트레이닝 후의 피로가 줄어든다. 그러나 근육을 과도하게 늘리는 오버 스트레칭은 근육과 관절에 상처를 줄 수 있다. 시원한 느낌의 긴장을 느낄 정도가 가장 좋다.

스트레칭이 중요한 이유

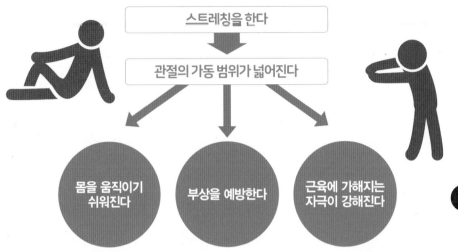

스트레칭을 한다

관절의 가동 범위가 넓어진다

몸을 움직이기 쉬워진다

부상을 예방한다

근육에 가해지는 자극이 강해진다

척추를 안정시켜서 바른 자세를 만든다

스트레칭으로 유연성이 향상된 상태로 체간 트레이닝을 하면 척추가 안정되고 뼈 전체가 적절한 범위 안에서 유연하게 움직일 수 있기 때문에 바른 자세를 유지할 수 있다.

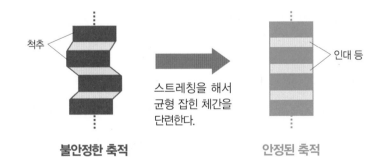

척추

스트레칭을 해서 균형 잡힌 체간을 단련한다.

인대 등

불안정한 축적

안정된 축적

제2장 트레이닝에서 빠질 수 없는 스트레칭의 중요성

22 몸에 익숙한 습관을 체간 트레이닝으로 바꾸면 지속하기 쉽다!

3주간 지속하면 습관이 된다

다음 시합에서 꼭 결과를 내겠다는, 괴로운 통증을 어떻게든 이겨내고 싶다는, 명확한 목표가 있다면 문제가 다르지만, 아무리 훌륭한 트레이닝도 가장 어려운 일은 지속과 습관이다. 지속하려고 마음을 먹고 시작한 일이 일상의 습관으로 정착하는 분기점은 3주. 그것을 극복하는 요령은 초조해하지 않고, 무리하지 않고, 너무 열심히 하지 않는 것이다.

또한 하려고 마음먹었는데 깜빡했다거나, 시간이 없다거나, 왠지 기분이 내키지 않는다거나 하는 등의 뭔가 두루뭉술한 이유로 좌절하는 일도 적지 않다. 그것은 결코 의지가 약하기 때문이 아니다. 새로운 습관을 정착시키는 일이 그만큼 어렵다는 것이다. 그럴 때 '습관화'를 권한다.

방법은 간단한데, 매일 반드시 하는 일(습관)을 체간 트레이닝으로 전환해서 세트로 하기만 하면 된다. 예를 들면 아침에 일어났을 때나 샤워 후, 자기 전에는 이불에서 꼭 스트레칭을 한다, 이를 닦고 거울 앞에서 드로인 운동을 한다, 커피 물이 끓을 때까지 기다리는 시간이나 정해 놓고 보는 드라마의 광고 시간을 이용해 트레이닝을 하는 것이다. 이와 같은 동작을 세수나 양치를 하는 것처럼 의식하지 않고도 몸이 자연스럽게 움직이면서, 빼먹으면 뭔가 개운하지 않은 느낌이 들 때까지 이어 가는 것이다. 실행하기 가장 쉬운 습관과 연결해서 하루의 루틴으로 만들어 보자.

작은 습관의 반복이 지속하는 힘을 기른다!

'세면대 앞에서 이를 닦는다', '거실에서 텔레비전을 본다'와 같은 익숙한 습관과 새로운 습관을 연결해서 습관으로 만들면 좀 더 쉽게 지속할 수 있다. 빼먹었을 때를 대비해 대안(아침에 못 했다면 취침 전에 한다 등)을 정하면 지속하기 쉬워진다.

습관화의 요령

- 이미 있는 습관과 연결한다
- '언제', '어디서', '무엇을'을 분명히 해 둔다
- 빼먹었을 때를 대비해 대안을 정해 둔다

습관의 예

커피를 끓인다

이를 닦는다

텔레비전을 본다

기상한다·취침한다

샤워를 한다

몸에 익숙한 습관을 제2간 트레이닝으로 바꾸면 지속하기 쉽다!

COLUMN

당신은 어떤 타입?

습관으로 만들 수 있는 타입
VS
좌절하기 쉬운 타입

어떤 세계에서든 성공의 열쇠를 쥐고 있는 것은 특별한 재능 이상으로 '결과를 낼 때까지 포기하지 않는 힘'이다. 습관으로 만들 수 있는 타입과 좌절하기 쉬운 타입, 각자의 성향을 알아 두고 지속하는 힘을 키워보자.

해야 할 일이 생겼을 때

습관으로 만들 수 있는 타입

생각났을 때 바로 그날부터 시작. 계획적으로 일정표를 만들어 꾸준히 지속한다.

좌절하기 쉬운 타입

아침부터 하려고 생각한다. 되는대로 그날그날 기분에 따라 일의 시작이 들쑥날쑥하다.

슬럼프에 빠졌을 때

습관으로 만들 수 있는 타입

'뭘 할 수 있고, 뭘 할 수 없는지'를 명확하게 구분해서 불안감을 줄이고, 현실을 직시하면서 최선을 다한다.

좌절하기 쉬운 타입

'어차피 나라는 인간은…'하고 비하한다. '이것도 안 될 거야'하고 불안감에 휘둘려서 앞으로 나아가지 못한다.

큰 벽에 부딪혔을 때

습관으로 만들 수 있는 타입

몇 번이고 기본으로 돌아가 작은 연습을 반복하면서 극복한다.

좌절하기 쉬운 타입

새로운 기술이나 난이도가 높은 기술을 습득해서 기사회생을 노린다.

제 4 장

지금부터
체간 트레이닝 실천

당신의 체간력은
어느 정도?

체간력
측정 포즈

상반신은 앞으로
쓰러지지 않는다.

허리에 손을 댄다.

무릎을 똑바로
위로 들어 올린다.

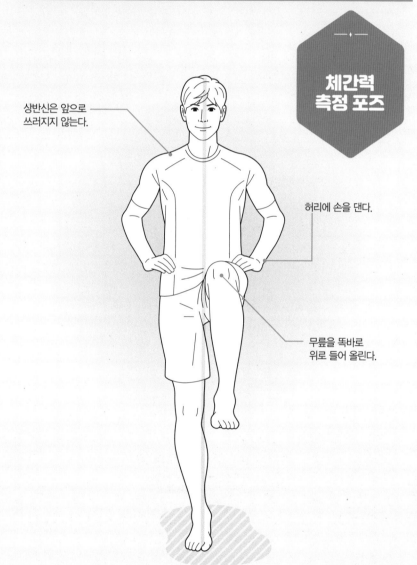

우선 자신의 체간력을 확인해 보자. 이 동작을 못하면 체간력이 약해져 있다는 증거이다. 그리고 트레이닝을 지속한 후에 어느 정도 체간력이 향상되었는지 체크해 두자.

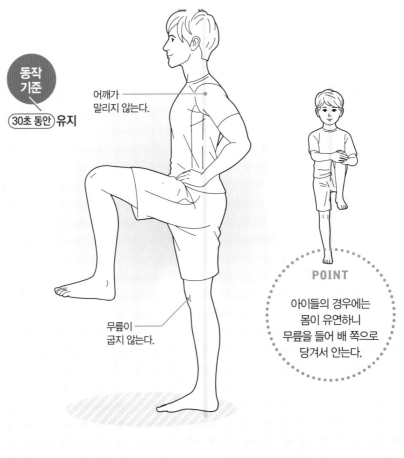

동작
기준

(30초 동안) 유지

어깨가
말리지 않는다.

무릎이
굽지 않는다.

POINT

아이들의 경우에는
몸이 유연하니
무릎을 들어 배 쪽으로
당겨서 안는다.

당신의 체간력은 어느 정도?

몸이 한쪽으로 기울거나
흔들린다.

상반신이 뒤로 기울어져
무릎이 굽었다.

23 체간력 강화에 중요한 4개의 근육을 기억해 두자!

역할을 알면 효과적으로 단련할 수 있다

복횡근·장요근·대둔근·다열근의 4개는 꼭 기억해 둬야 할 중요한 근육이다.

복횡근은 4개의 근육(체표면부터 시작해서 외복사근, 복직근, 내복사근, 복횡근)으로 구성된 복근 중 가장 심부에 있다. 배꼽 아래쪽 하복부, 옆구리, 척추까지를 빙 둘러싸고 있는 속근육이다. 복식 호흡으로 숨을 내뱉을 때 사용된다. 바른 자세를 유지하는 데도 꼭 필요한 근육으로 내장을 감싸는 역할도 한다.

장요근은 요추와 대퇴골을 연결하는 근육(장골근·대요근·소요근)의 총칭이다. 허벅지를 올리거나 골반을 지지하거나 허리를 안정시키는 등의 작용을 한다. 약해지면 체간의 힘이 팔이나 다리에 원활하게 전달되지 않아서 허벅지나 장딴지가 늘어진다. 앞으로 기울어진 자세나 골반 후경의 요인이 되어 길항근인 대둔근도 약해진다.

대둔근은 엉덩이를 덮고 있는 큰 겉근육이다. 서기, 앉기, 걷기, 달리기, 점프와 같은 동작에 사용되고, 골반을 지지하는 체간부를 안정시키는 역할도 있다.

다열근은 경추에서 골반까지 척추 분절을 이어주는 속근육이다. 척추를 안정시켜서 움직일 때도 사용되고 바른 자세를 유지하기 위해서 꼭 필요한 근육으로 일상생활은 물론 스포츠까지 포함한 활동을 좌우한다. 체간 트레이닝은 이러한 근육을 의식하면서 하자.

단련할 4개의 근육

체간력을 단련하는 데 중요한 4개의 근육을 소개하겠다. 소개하는 4개의 근육을 단련하면 상반신과 하반신 운동을 하기 수월해지고, 축이 흔들리지 않는 균형 잡힌 몸이 된다.

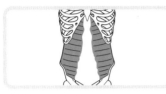

복횡근

배 심부에 위치해서 내장을 감싸듯이 붙어있는 근육. 척추를 안정시키는 데 관여해서 안정감 있는 몸과 아름다운 자세를 유지하게 한다.

트레이닝 페이지

초급편 → p.80   중급편 → p.88

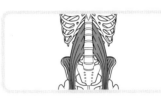

장요근

허리의 심부에 있고, 상반신과 하반신을 연결하는 근육. 선 자세를 유지하거나 다리를 들어 올리거나 하는 기능을 한다.

트레이닝 페이지

초급편 → p.82   중급편 → p.90

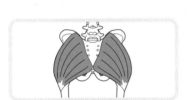

대둔근

엉덩이에 있는 가장 큰 근육. 골반을 지지하고 있어 단련하면 체간부가 안정되어 상반신의 기능을 향상하는 역할을 한다.

트레이닝 페이지

초급편 → p.84   중급편 → p.92

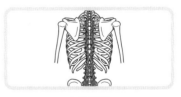

다열근

목에서 골반으로 이어지는 척추에 붙어있는 근육. 몸을 비틀거나 젖힐 때 사용되고 단련하면 허리에 주는 부담이 감소한다.

트레이닝 페이지

초급편 → p.86   중급편 → p.94

체간력 강화에 중요한 4개의 근육을 기억해 두자!

24 횟수보다는 정확한 자세가 중요!

잘못된 자세는 부상이나 통증의 원인이 된다

체간 트레이닝을 효과적으로 하기 위해서는 드로인 운동과 스트레칭을 적용한다. 그리고 바른 자세로 하는 것이 매우 중요하다. 예를 들면 '복근은 매일 100회'라고 할 때 대부분 자세보다는 횟수에 집착해서 반동을 이용해 상반신을 들어 올린다. 반동을 이용하면 골반이 안정화되지 못하고 자꾸 허리를 꺾어서 척추 기립근에 과도한 부담을 주며 요통을 일으킬 위험이 있다.

평소 잘 사용하지 않는 소근육을 정확하게 자극하기 위해서는 목표로 삼은 근육의 위치와 주의할 점, 누구나 할 수 있는 잘못된 자세를 잘 확인하고 실행한다. 몸이 일직선이 되지는 않았는지, 허리가 꺾이지는 않았는지, 골반의 좌우가 틀어지지는 않았는지를 매일 체크한다.

일류 선수일수록 기본적으로 연습이나 트레이닝 전후에 스트레칭을 중요하게 생각한다. 모든 것은 기본 위에 성립되는 것으로, 순발력과 지구력을 끄집어내거나 고도의 기술을 습득하고 부상으로부터 몸을 보호하기 위해서 꼭 필요하다는 사실을 잘 알고 있기 때문이다. 기본을 잘못 기억하면 성과를 올리기는커녕 수정하는 데 걸리는 시간이나 노력이 더 커진다. 또한 슬럼프에 빠졌을 때는 기본에 소홀해지거나 무너지기 쉬우니 자세를 체크하는 것은 자신의 상태를 파악하는 바로미터이기도 하다.

정확한 자세로 하지 않으면 부상의 원인이 된다

아무리 열심히 트레이닝을 해도 정확한 자세로 하지 않으면 오히려 부상의 원인이 된다.
횟수를 채우기보다는 우선 의식적으로 정확한 자세를 몸에 익히도록 하자.

NG

몸과 허리에 부담이 간다!

복압이 없다!

요통이나 부상으로 이어진다!

중요한 것은 정확한 자세

OK

등에서 무릎까지 일직선!

복압이 들어가 골반이 안정!

25 주 3회·3종목·3분으로 시작해도 괜찮다!

3주간 체간 트레이닝을 평생 습관으로 만든다

트레이닝을 시작하기 전에 목표를 정하자. '좋은 자세나 스타일을 만들어서 마음에 드는 옷을 멋지게 입는다', '요통을 고쳐서 전국 유명한 산을 오른다', '마라톤을 완주한다' 등 구체적인 목표가 있으면 동기 부여가 된다. 하지만 처음부터 잘하겠다고 욕심을 부리지는 말자. 왜냐하면 지속하는 게 힘들어지거나 결국 트레이닝을 건성건성 하게 되기 때문이다.

처음 시작한 주는 그날그날 좋아하는 2가지 종목을 골라서 매일 트레이닝을 하자. 매일 다른 트레이닝을 하면 단련되는 근육이나 효과가 달라지고 흥미를 잃지 않고 지속할 수 있다. 전부 합쳐봤자 고작 하루에 3분이지만, 그동안 운동이나 트레이닝을 하던 습관이 없으면 근육통이 생길지도 모른다. 하지만 그것은 목표로 삼은 근육이 제대로 자극받았다는 증거이다. 2주째에는 주 3일 정도만 해도 괜찮으니 3종목에 도전해 보자. 3주째 이후부터는 주 3일을 정해서 각 종목 전부 3세트씩 하는 것을 목표로 정하자. 여유가 생기면 조금씩 종목을 늘려도 좋다.

지속하는 요령으로 습관화(→58쪽)를 소개했는데, 트레이닝을 하는 시간은 어느 정도 고정하는 편이 습관으로 정착하기 쉽다. 휴대폰이나 컴퓨터의 기능을 이용하는 것도 좋은 방법이다. 또한 트레이닝한 날은 달력에 표시를 해 두는 등 노력을 가시화하면 의욕을 북돋는 데 도움이 된다.

목표는 3주간 지속하는 것!

체간력을 몸에 익히기 위해서는 지속적인 트레이닝이 필요하다. 먼저 1주, 가능하면 3주를 목표로 지속해 본다. 무리하지 말고 흥미를 잃지 않을 정도로 하는 것이 지속하는 요령이다.

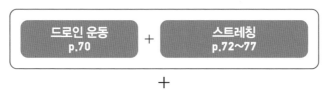

이 중에서 골라 보자!

1주째	1주 동안 매일 2종목을 1~3세트
2주째	주 3회, 좋아하는 3종목을 1~3세트
3주째	주 3회, 좋아하는 3종목을 3세트

몸 전체를 자극한다
플랭크 p.78

복횡근을 단련한다
초급편 p.80

장요근을 단련한다
초급편 p.82

대둔근을 단련한다
초급편 p.84

다열근을 단련한다
초급편 p.86

복횡근을 단련한다
중급편 p.88

장요근을 단련한다
중급편 p.90

대둔근을 단련한다
중급편 p.92

다열근을 단련한다
중급편 p.94

제5장의 아이들과 시니어 맞춤 트레이닝을 섞어도 OK!

3주간 지속하면
습관 · 멘탈 강화에도 도움이 된다!

주 3회 · 3종목 · 3분으로 시작해도 괜찮다!

드로인 운동을
완벽하게 마스터

서서 할 때

1 똑바로 서서 크게 숨을
들이마신다

**동작
기준**

(3초 동안)
들이마시고

(3~5초 동안)
천천히 내뱉는다

내뱉는다

들이마신다

건갑골을
가볍게
가운데로
모은다.

배와 등을 꽉
붙이는 상상을
하면서 배를
쏙 들어가게
한다.

가슴을 편다.

등 근육을
쭉 편다.

배 속에 차 있는
공기를 전부
빼내듯이

2

입에서 조금씩 숨을 내뱉으면서
배꼽을 중심으로
배가 쏙 들어가게 한다

숨을 크게
들이마시고
배를 부풀린다.

POINT

옆구리가
단단해져 있으면 OK.
그 상태라면 앞뒤 근육
까지 단단하게 만들 수
있다.

'드로인 운동'이란 호흡을 하면서 배를 수축·팽창하는 운동이다.
모든 체간 트레이닝의 기본이 되는 운동이므로 정확한 방법을 기억해 두자.

1 무릎을 세우고 똑바로
누워서 숨을 들이마신다

무릎을
세운다.

숨을 코로 들이마시면서
배를 부풀린다.

들이마신다

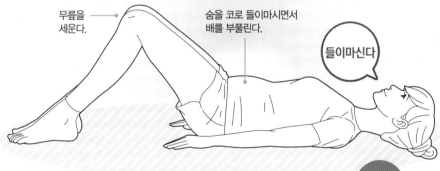

**동작
기준**

3초 동안
들이마시고

3~5초 동안
천천히 내뱉는다

2 숨을 내뱉으면서 배에 힘을 주어
쏙 들어가게 한다.
숨을 내뱉으면서 복압을 가한다

숨을 내쉬면서
복압을 가한다.

내뱉는다

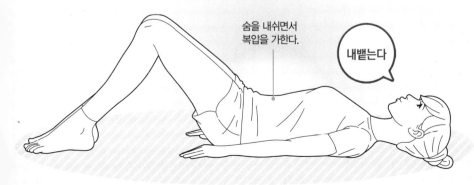

71

체간력을 효율적으로 단련하는 스트레칭

엉덩이와 등을 쭉 늘린다

1

다리를 포개고 앉아서
엉덩이 전체를 늘려 준다

POINT

다리를 포갤 때는
세운 다리의 무릎 위에
다른 쪽 다리의 복사뼈
부분을 올린다.

동작
기준

(10초 동안) 유지

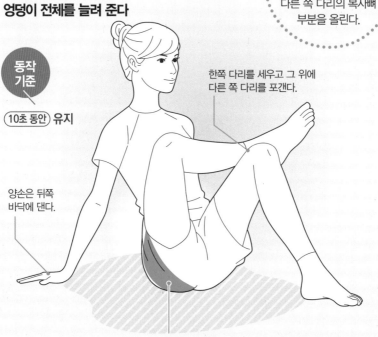

한쪽 다리를 세우고 그 위에
다른 쪽 다리를 포갠다.

양손은 뒤쪽
바닥에 댄다.

엉덩이 전체를
쭉 늘린다.

체간력 트레이닝 전에는 꼭 스트레칭을 해서 몸을 리셋하자.
부상 방지는 물론 관절의 가동 범위도 넓어져서
더욱 효율적으로 체간력 트레이닝 효과를 얻을 수 있다.

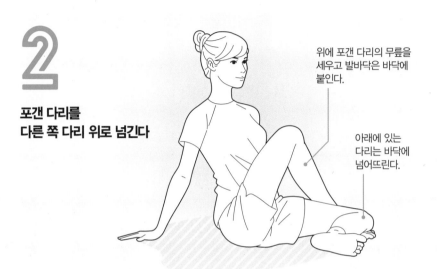

2

**포갠 다리를
다른 쪽 다리 위로 넘긴다**

위에 포갠 다리의 무릎을
세우고 발바닥은 바닥에
붙인다.

아래에 있는
다리는 바닥에
넘어뜨린다.

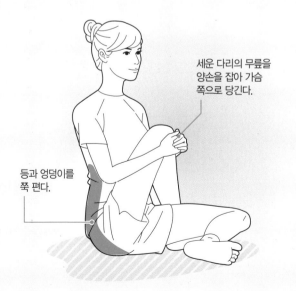

세운 다리의 무릎을
양손을 잡아 가슴
쪽으로 당긴다.

등과 엉덩이를
쭉 편다.

**동작
기준**

10초 동안 유지

3

**무릎을 가슴 쪽으로
당기고 등을 쭉 편다.
반대쪽 다리도 같은
동작을 한다**

체간력 요골절으로 단련하는 스트레칭

옆구리와 등을 늘린다

1

한쪽 무릎을 세우고 앉는다

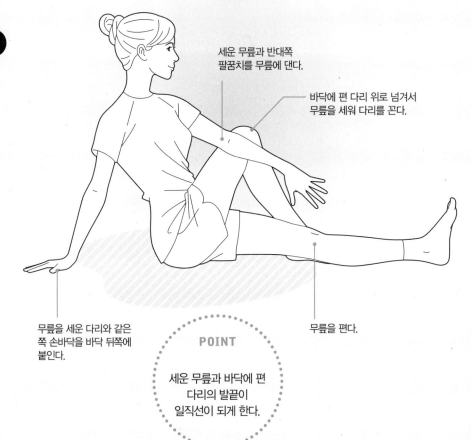

세운 무릎과 반대쪽 팔꿈치를 무릎에 댄다.

바닥에 편 다리 위로 넘겨서 무릎을 세워 다리를 꼰다.

무릎을 세운 다리와 같은 쪽 손바닥을 바닥 뒤쪽에 붙인다.

무릎을 편다.

POINT

세운 무릎과 바닥에 편 다리의 발끝이 일직선이 되게 한다.

**팔로 무릎을 꾹 누르면서
상반신을 비튼다.
반대쪽도 같은 동작을 반복한다**

75

POINT

팔꿈치로 단단히 무릎을
고정하고 옆구리가 늘어
나는 것을 느낀다.

시선은 뒤쪽으로
향한다.

발끝은 세운 채로
둔다.

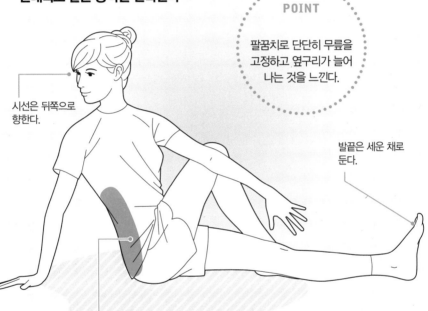

반대쪽 등과 허리도 쭉
늘어난다.

제구력을 효율적으로 단련하는 스트레칭

꼬고 있는 다리가 넘어지지 않도록 잘 세운다.
넘어지면 스트레칭 효과가 줄어든다.

안쪽 허벅지와 고관절을 늘린다

1

양다리를 벌리고 발바닥을
마주 붙여 나비 다리
자세로 앉는다

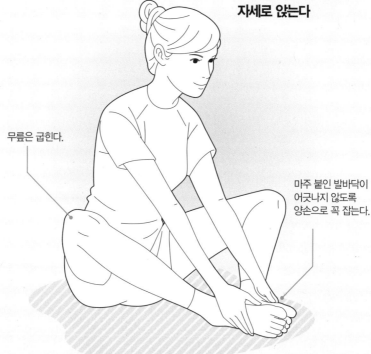

무릎은 굽힌다.

마주 붙인 발바닥이
어긋나지 않도록
양손으로 꼭 잡는다.

2

동작
기준

10초 동안 유지

**발을 몸 쪽으로 끌어당기고
등을 펴면서 안쪽 허벅지와
고관절을 풀어준다**

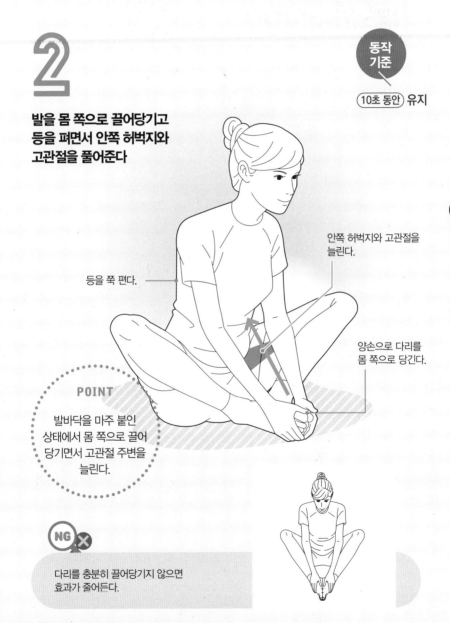

안쪽 허벅지와 고관절을
늘린다.

등을 쭉 편다.

양손으로 다리를
몸 쪽으로 당긴다.

POINT

발바닥을 마주 붙인
상태에서 몸 쪽으로 끌어
당기면서 고관절 주변을
늘린다.

NG ✕

다리를 충분히 끌어당기지 않으면
효과가 줄어든다.

제2대를 효율적으로 단련하는 스트레칭

초심자에게 적합한 기본 트레이닝

몸 전체를 자극하는
플랭크 운동

1

**엎드려서 팔꿈치를
어깨 바로 아래에 둔다**

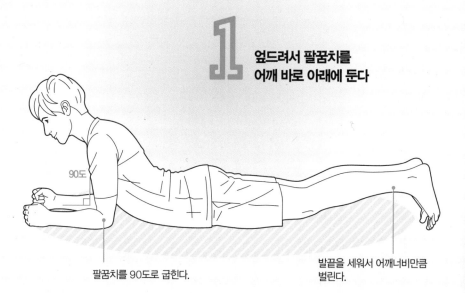

90도

팔꿈치를 90도로 굽힌다.

발끝을 세워서 어깨너비만큼
벌린다.

체간력 트레이닝의 초심자도 실천할 수 있는 기본 트레이닝을 소개하겠다.
간단한 동작이지만 효과는 아주 뛰어나다.
복식 호흡을 의식하면서 해 보자.

2

머리, 어깨, 허리, 무릎, 발목까지
일직선이 되도록 유지한다

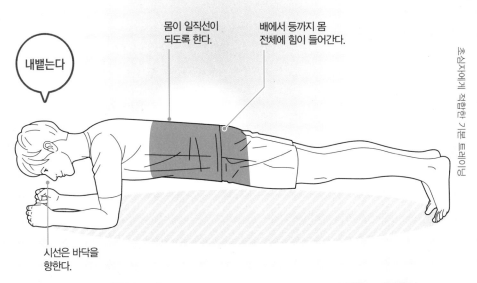

몸이 일직선이
되도록 한다.

배에서 등까지 몸
전체에 힘이 들어간다.

내뱉는다

시선은 바닥을
향한다.

동작
기준

숨을 내뱉으면서
(3초 동안) 천천히
골반을 들어 올리고

숨을 들이마시면서
(10초 동안) 천천히 눕는다

자기
체력에 맞게 5~10회

실천!
체간 트레이닝

복횡근을
단련한다

+ 복직근

초급
★

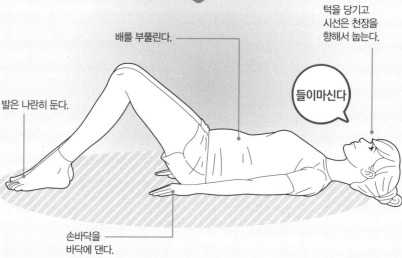

턱을 당기고
시선은 천장을
향해서 눕는다.

배를 부풀린다.

들이마신다

발은 나란히 둔다.

손바닥을
바닥에 댄다.

1

**양 무릎을 세우고 똑바로 누워 숨을
들이마시면서 배를 부풀린다**

체간력을 단련하는 데 중요한 4개의 근육별 트레이닝을 소개하겠다.
정확한 동작을 제대로 기억해서 정확하게 실천하자.

2

자기
체력에 맞게 **5~10** 회

숨을 내뱉으면서 어깨를 올린다는
느낌으로 상체를 일으킨다

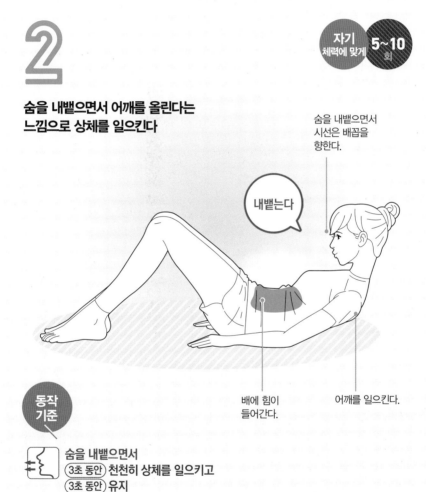

숨을 내뱉으면서
시선은 배꼽을
향한다.

내뱉는다

배에 힘이
들어간다.

어깨를 일으킨다.

동작
기준

숨을 내뱉으면서
(3초 동안) 천천히 상체를 일으키고
(3초 동안) 유지

숨을 들이마시면서
(3초 동안) 천천히 눕는다

장요근을
단련한다

초급
★

다리가 바닥과 평행이 되는
위치까지 들어 올린다.

시선은 똑바로 정면을
향한다.

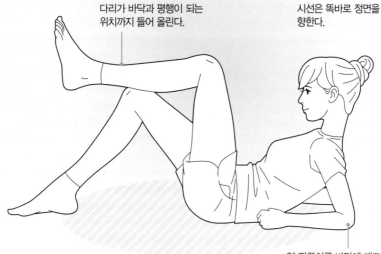

양 팔꿈치를 바닥에 대고
상반신을 지탱한다.

1

**양 팔꿈치를 바닥에 대고 한쪽 다리를
바닥과 평행이 되게 들어 올린다**

2

**무릎을 몸 쪽으로 당기고 배에 힘을 준다
반대쪽도 같은 동작을 한다**

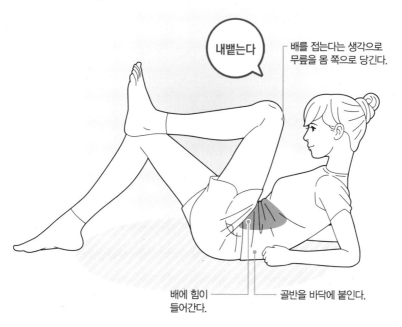

내뱉는다

배를 접는다는 생각으로
무릎을 몸 쪽으로 당긴다.

배에 힘이
들어간다.

골반을 바닥에 붙인다.

실전! 체간 트레이닝

동작
기준

좌우
각각 **10**회 × **2~3**세트

숨을 내뱉으면서
(2초 동안) 천천히 무릎을 당긴다

숨을 들이마시면서
(3초 동안) 천천히 제자리로 돌아온다

대둔근을
단련한다

초급
★

목과 등이 일직선이
되게 한다.

머리는 들지
않는다.

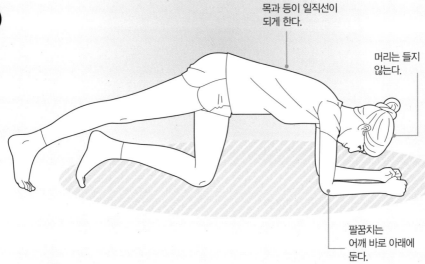

팔꿈치는
어깨 바로 아래에
둔다.

1

**머리부터 등까지 일직선이 되게
엎드린다**

동작
기준

피우
각각　5 회 × 3 세트

숨을 내뱉으면서
(3초 동안) 천천히 무릎을 들어서
(5초 동안) 유지

숨을 들이마시면서
(3초 동안) 천천히 제자리로 돌아온다

실천! 체간 트레이닝

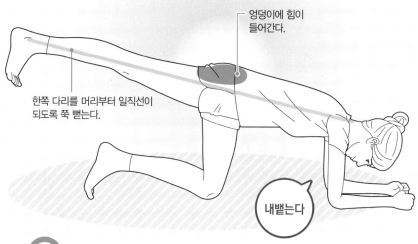

엉덩이에 힘이
들어간다.

한쪽 다리를 머리부터 일직선이
되도록 쭉 뻗는다.

내뱉는다

2

머리에서 발뒤꿈치까지 일직선이
되도록 한쪽 다리를 들어 올린다.
반대쪽도 같은 동작을 한다

다열근을
단련한다

초급
★

1

**똑바로 누워서
양 무릎을 세운다**

양 무릎을 붙이지 않는다.

다리는 주먹 하나가
들어갈 정도로 벌린다.

손바닥을 바닥으로
향하게 한다.

2

허리를 들어 올리고 몸을 일직선에 되게 한다

좌우 각각 **5** 회 × **2~3** 세트

동작 기준

숨을 내뱉으면서
(2초 동안) 천천히 허리를 들어 올리고
(3초 동안) 유지

숨을 들이마시면서
(3초 동안) 천천히 제자리로 돌아온다

실전! 체간 트레이닝

골반을 똑바로 유지한다.

몸이 일직선이 되게 허리를 든다.

내뱉는다

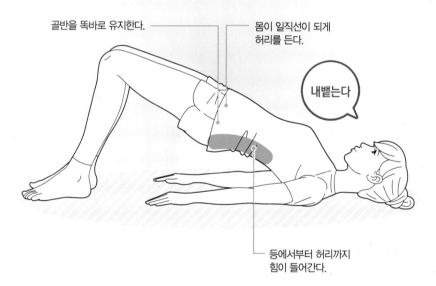

등에서부터 허리까지 힘이 들어간다.

허리를 들어 올릴 때 지나치게 꺾으면 부담이 갈 수 있으니 주의.

지금부터 체간 트레이닝 실천

**복횡근을
단련한다**
+ 복사근

중급
★★

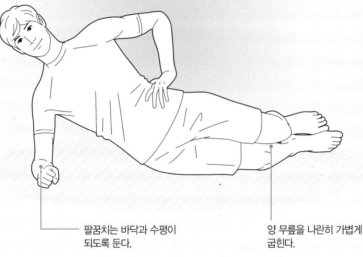

팔꿈치는 바닥과 수평이
되도록 둔다.

양 무릎을 나란히 가볍게
굽힌다.

1

**옆으로 누워서 상반신을 들어 올리고
한쪽 팔꿈치로 지탱한다**

2

숨을 내뱉으면서 골반을 들어 올리고
천천히 제자리로 돌아온다.
반대쪽도 같은 동작을 한다

실천! 체간 트레이닝

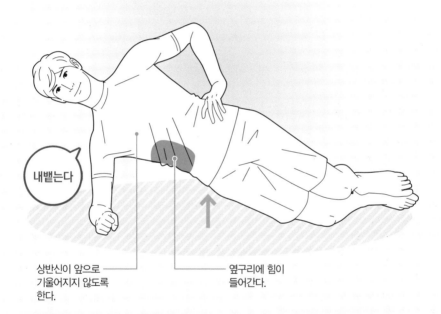

내뱉는다

상반신이 앞으로
기울어지지 않도록
한다.

옆구리에 힘이
들어간다.

동작
기준

숨을 내뱉으면서
(3초 동안) 천천히
허리를 들어 올리고
(10초 동안) 유지

좌우
번갈아서
5 회 × 2~3 세트

숨을 들이마시면서
(3초 동안) 천천히
제자리로 돌아온다

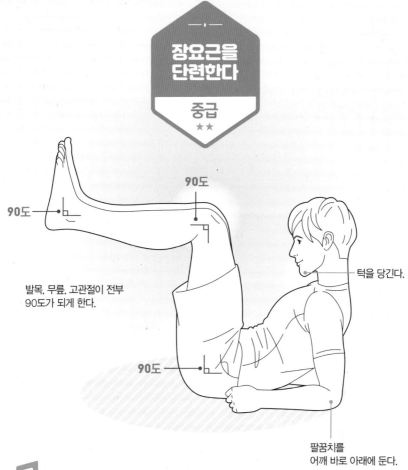

장요근을
단련한다

중급
★★

90도

90도

발목, 무릎, 고관절이 전부
90도가 되게 한다.

턱을 당긴다.

90도

팔꿈치를
어깨 바로 아래에 둔다.

1

양 팔꿈치를 바닥에 대고
양다리를 올린다

2

복근을 의식하면서 양 무릎을
몸 쪽으로 끌어당긴다

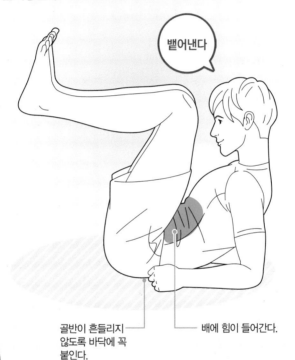

뱉어낸다

골반이 흔들리지
않도록 바닥에 꼭
붙인다.

배에 힘이 들어간다.

실천! 체간 트레이닝

동작
기준

숨을 내뱉으면서
(3초 동안) 천천히 무릎을 당긴다

숨을 들이마시면서
(3초 동안) 천천히 제자리로 돌아온다

자기
체력에 맞게 **10** 회 × **3** 세트

위에 걸친 다리의
복사뼈를
세운 다리의 무릎에
댄다.

발끝과 무릎의 방향을
맞춘다.

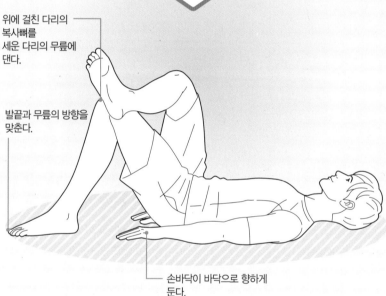

손바닥이 바닥으로 향하게
둔다.

1

똑바로 누워서 한쪽 무릎을
굽혀서 세우고 다른 한쪽 무릎은
세운 무릎 위에 걸친다

동작
기준

 숨을 내뱉으면서
(3초 동안) 천천히 골반을 들어 올린다

숨을 들이마시면서
(3초 동안) 천천히 내려놓는다

실전! 체간 트레이닝

뱉어낸다

엉덩이에 힘이 들어간다.

2

가슴, 배, 무릎이 일직선이 되는 높이까지
골반을 들어 올린다.
반대쪽도 같은 동작을 한다

다열근을
단련한다

중급
★★

1

바닥에 양 손바닥을 대고 엎드린
자세를 만드는데 이때 허리가
꺾이지 않도록 배에 힘을 준다

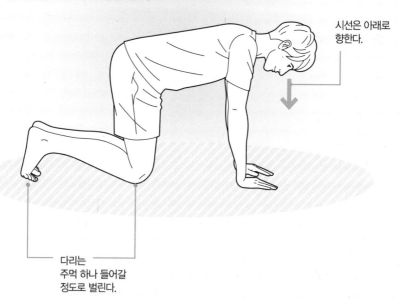

시선은 아래로
향한다.

다리는
주먹 하나 들어갈
정도로 벌린다.

동작 기준

 숨을 내뱉으면서
(3초 동안) 천천히
팔과 다리를 쭉 뻗고
(3초 동안) 유지

숨을 들이마시면서
(3초 동안) 천천히
제자리로 돌아온다

좌우 번갈아서

10회 × **2~3** 세트

2

한쪽 팔과 반대쪽 다리를
일직선으로 쭉 뻗는다
반대쪽도 같은 동작을
한다

팔을 똑바로 뻗는다.

뻗어낸다

등과 배에 힘이
들어간다.

무릎을 뻗고 다리를 똑바로
들어 올린다.

NG ✗

고개를 들면 등과 허리가 너무 꺾여서 통증이 생길
수 있고, 트레이닝 효과도 얻지 못하니 주의.

실천! 체간 트레이닝

COLUMN

이 정도로 다르다!

도도부현*'하루 평균 도보 수'

일본 후생노동성이 발표한 「2016년 국민 건강·영양조사」에 따르면 도도부현 성인(20~64세) 하루 평균 도보 수는 오사카 남성 8762보, 가나가와 여성 7795보가 각각 1위였다. 건강 수명을 늘려서 인생 마지막까지 건강하고 행복하게 살기 위해서, 후생노동성에서는 〈스마트 라이프 프로젝트〉를 통해 매일 10분 신체 활동을 더 하고, 스포츠청*에서는 〈FUN＋WALK PROJECT〉를 통해 현재보다 천 보 더 걷기를 권장하고 있다. 지방자치제 중 도쿠시마현 나루토시는 체간 밸런스 트레이닝을 도입해서 어린이부터 시니어까지 폭넓은 세대가 기초 체력과 건강에 대한 의식을 향상하는 데 주력하고 있다.

*도도부현 – 일본의 행정 구역 / 스포츠청– 일본의 행정기관 (옮긴이)

도도부현 하루 평균 도보 수 순위

남성						여성					
순위	도도부현	도보 수	순위	도도부현	도보 수	순위	도도부현	도보 수	순위	도도부현	도보 수
1	오사카	8762	24	홋카이도	7381	1	가나가와	7795	24	시마네	6549
2	시즈오카	8676	25	후쿠시마	7297	2	교토	7524	25	아키타	6541
3	나라	8631	26	가고시마	7296	3	히로시마	7327	26	이바라키	6471
4	도쿄	8611	27	사가	7283	4	시가	7292	27	후쿠시마	6470
5	교토	8572	28	이시카와	7254	5	도쿄	7250	28	이시카와	6465
6	사이타마	8310	29	도야마	7247	6	기후	7234	29	미에	6460
7	오카야마	8136	30	야마나시	7236	7	오사카	7186	30	군마	6430
8	치바	8075	31	나가노	7148	8	후쿠오카	7155	31	미야기	6354
9	가나가와	8056	32	미에	7119	9	치바	7086	32	도쿠시마	6313
10	아이치	8035	33	야마가타	7098	10	시즈오카	6975	33	가가와	6260
11	기후	7990	34	나가사키	7061	11	야마구치	6969	34	니가타	6186
12	에히메	7845	35	니가타	7029	12	오이타	6954	35	이와테	6132
13	히로시마	7829	36	미야자키	7022	13	에히메	6945	36	아이치	6077
14	야마구치	7817	37	군마	6964	14	나가사키	6929	37	도야마	6074
15	효고	7782	38	오키나와	6850	15	사이타마	6880	38	와카야마	6062
16	시가	7760	39	시마네	6820	16	야마나시	6838	39	오키나와	6052
17	가가와	7696	40	미야기	6803	17	효고	6813	40	홋카이도	6051
18	오이타	7599	41	도쿠시마	6791	18	나라	6787	41	오카야마	6042
19	도치키	7582	42	와카야마	6743	19	후쿠이	6732	42	아오모리	6010
20	후쿠이	7551	43	돗토리	6698	20	가고시마	6700	43	미야자키	5939
21	후쿠오카	7474	44	이와테	6647	21	사가	6635	44	야마가타	5893
22	아오모리	7472	45	아키타	6626	22	나가노	6606	45	돗토리	5857
23	이바라키	7445	46	고치	5647	23	도치키	6585	46	고치	5840

※구마모토현은 재난으로 인해 데이터가 없음.
일본 후생노동성 「2016년 국민 건강·영양 조사 보고서」를 참고로 작성

제 5 장

가족과 함께하는
체간 트레이닝

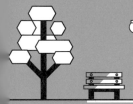

26 어른부터 아이까지! 체간 셀프케어를 시작하자

몸이 뻣뻣하고 균형이 무너진 '어린이 로코모티브 신드롬'

로코모티브 신드롬(Locomotive Syndrome, 운동기능저하 증후군)은 다리와 허리 등 운동과 관련된 기관이 약해져서 스스로 움직이는 힘이 저하된 상태를 말한다. 거동 장애로 인해 보호나 간병이 필요해지거나 인지 장애가 생기기 전에 예방·개선하고 싶은 이른바 시니어의 문제였다. 그런데 최근 10년 사이에 '어린이 로코모티브 신드롬' 문제가 떠오르기 시작했다. 언제 어디서나 인터넷을 접할 수 있는 시대에 태어나서 휴대폰과 태블릿의 진화와 더불어 성장한 아이들의 몸에는 이전 세대에서는 생각하지도 못한 이변이 생기고 있다.

일본 NPO 법인 '전국 스톱 더 로코모 협의회'에서는 ① 한쪽 다리로 휘청거리지 않고 5초 이상 서 있지 못한다 ② 뒤꿈치를 바닥에 붙인 채로 쭈그리고 앉지 못한다 ③ 팔을 직각으로 올리지 못한다 ④ 서서 무릎을 펴고 상체를 앞으로 숙였을 때 손가락이 바닥에 닿지 않는다 등 4개의 항목 중에서 하나라도 해당되면 어린이 로코모티브 신드롬을 의심해 봐야 한다고 한다.

2010년~2013년에 실시된 조사에서 약 40퍼센트의 어린이에게 운동기능의 이상이 나타났다. 아이들은 '극단적인 운동 부족'과 '한 가지 운동으로 특정 근육과 관절만 혹사당한다'는 극단화가 진행되고 있으면, 둘 다 로코모티브 신드롬의 요인이라 할 수 있다. 주로 7세 전후부터 자세가 나빠지고 큰 부상이 증가하고 있다. 휴일에 가족이 모여 자세나 유연성을 체크해 보자. 체간력과 유연성은 아이부터 할아버지, 할머니까지 누구든 몇 살이건 상관없이 향상할 수 있다.

가족이 함께 체크해 보자!

로코모티브 신드롬은 시니어들뿐만 아니라 아이들한테도 문제가 되고 있다. 아래에 '어린이 로코모티브 신드롬'의 체크 항목을 소개한다. 가족이 함께 체크해 보고, 서로의 몸 상태를 확인해 보자.

운동 기능 이상 체크 항목

4개 중 하나라도 안 되면 어린이 로코모티브 신드롬을 의심해 봐야 한다.

① 한 쪽 다리

• 좌우 각각 5초 이상 휘청거리지 않고 서 있을 수 있다.

몸의 균형 체크

② 쭈그리고 앉기

• 중간에 멈추지 않고 끝까지 할 수 있다.
• 뒤꿈치가 바닥에서 뜨지 않는다.
• 뒤로 넘어지지 않는다.

하반신 유연성 체크

③ 팔을 어깨 위로 올리기

• 좌우 똑같이 귀 뒤까지 수직으로 양팔을 올릴 수 있다.

상반신 유연성 체크

④ 서서 상체를 앞으로 굽히기

• 무릎을 굽히지 않고 손가락이 편안하게 바닥에 닿는다.

체간 유연성 체크

어른부터 아이까지! 체간 셀프 케어를 시작하자

어른부터 아이까지!
둘이 함께하는
체간 트레이닝

쭈그리고 앉는 운동

1 마주 보고 서서 손을 잡는다

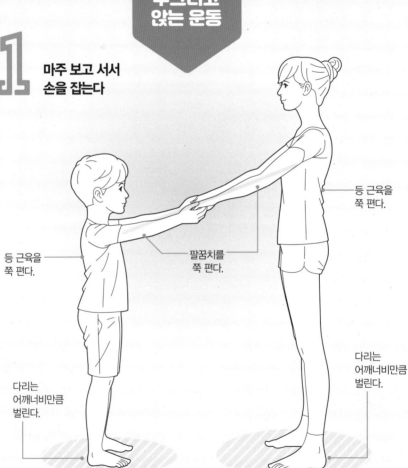

등 근육을 쭉 편다.

팔꿈치를 쭉 편다.

등 근육을 쭉 편다.

다리는 어깨너비만큼 벌린다.

다리는 어깨너비만큼 벌린다.

체간력의 확인과 트레이닝을 함께 할 수 있는 메뉴를 소개하겠다.
짝을 만들어서 서로의 체간력을 체크해 주자.

 동작 기준

자기 체력에 맞게 **5**회

2

천천히
쭈그리고 앉는다

 숨을 내뱉으면서
5초 동안 천천히 앉고
10초 동안 유지

 숨을 들이마시면서
천천히 일어선다

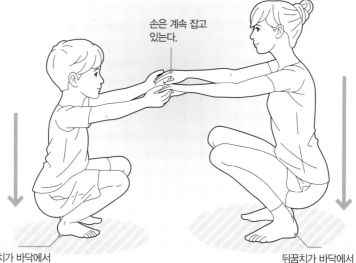

손은 계속 잡고
있는다.

뒤꿈치가 바닥에서
떨어지지 않는다.

뒤꿈치가 바닥에서
떨어지지 않는다.

 NG

제대로 쭈그리고 앉지 못하는
이유는 고관절과 발목이 굳어
있다는 증거.
몸이 뻣뻣하면 다치거나 몸에
이상이 생기기 쉽다.

 NG

몸이 한쪽으로 기울거나 휘청거리
거나 하는 이유는 체간력 부족. 이
운동을 꾸준히 해서 체간력을 향상
하자.

어른부터 아이까지! 둘이 함께하는 체간 트레이닝

27 큰 부상이나 다리의 변형이 생기지 않게 아이를 보호한다!

성장의 황금기에 체간 균형을 단련하자!

술래잡기나 깡통차기, 고무줄놀이, 무궁화 꽃이 피었습니다 등의 놀이를 했던 아이들은 해가 지는 줄도 모르고 노는 사이에 체간력이나 균형 감각이 길러져서 체력과 운동 신경도 놀라울 정도로 향상했다. 5세부터 12세 사이는 성장의 황금기라 불릴 정도로 신체나 운동 능력이 현저하게 발달하는 시기. 신경계의 발달은 12세가 되면 어른과 거의 비슷하다고 한다.

그러나 요즘은 공원에서 뛰어노는 아이들을 볼 일이 거의 없다. 몸을 움직이지 않는 아이들한테는 간과할 수 없는 이변이 생기고 있다. 그중 하나가 부상. 옛날에는 넘어져도 반사적으로 손을 뻗어서 손바닥이나 무릎이 살짝 까지거나 껍질이 벗겨지는 정도였다. 그런데 넘어져도 손을 뻗지 않는 아이들이 늘어나고, 머리나 얼굴로 넘어져서 크게 다치는 일이 증가하고 있다.

또 하나는 발가락의 변형이다. 대략 80퍼센트의 아이들은 서 있을 때나 앉아 있을 때 발가락이 떠 있는 증상이 나타난다고 한다. 발가락을 사용해서 제대로 지탱하지 못하다 보니 넘어지거나 다치기 쉽고 균형 잡힌 자세를 유지하는 게 어려워지는 것이다. 게다가 최근에는 어른한테만 나타나는 문제라고 생각하던 무지외반증이 아이들한테도 늘어나고 있다.

이와 같은 부상이나 발의 변형은 무엇보다도 예방이 중요하다. 부모와 함께 몸을 움직이는 활동을 통해 체간이나 균형 감각을 단련하도록 하자.

유치원생한테도 나타나는 발가락이 뜨는 증상

어떤 유치원에서 원아 98명(4~5세)을 대상으로 발바닥에 체중이 실리는 상태를 조사해 보니 과반수가 발가락이 떠 있는 증상이 나타났다. 발가락이 떠 있으면 몸의 균형을 잡기가 힘들어서 쉽게 넘어지거나 다칠 수 있다.

유치원생 98명의 발가락이 뜨는 증상의 비율

양쪽 발가락이 뜨는 증상

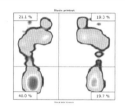

54%
(53명)

양쪽 발 정상

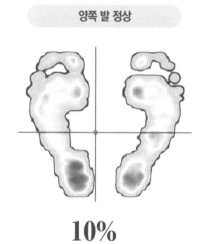

10%
(10명)

양쪽 발가락이 살짝 뜨는 증상

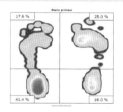

23%
(23명)

약 80%의 아이들이 발가락이 뜨는 증상이 있다!

출처 : 주식회사 드림지비

아이를 위한
체간 트레이닝

아이의 체간 트레이닝 ①
초급
★

동작 기준

숨을 내뱉으면서 (3초 동안) 천천히 골반을 들어 올리고 (3초 동안) 유지

숨을 들이마시면서 (3초 동안) 천천히 제자리로 돌아온다

자기 체력에 맞게 **5** 회 × **3** 세트

1
팔꿈치를 세우고 엎드린다

팔꿈치는 바닥과 수직이 되도록 둔다.

발가락을 세운다.

배와 허리, 등에 힘이 들어간다.

머리에서 발끝까지 일직선이 되도록 한다.

내뱉는다

2
재빨리 골반을 올렸다가 천천히 제자리로 돌아온다

어른만이 아닌 아이들한테도 중요한 체간력. 운동 능력이 비약적으로 성장하는 시기에 제대로 몸의 사용 방법을 익혀서 부상을 예방하자.

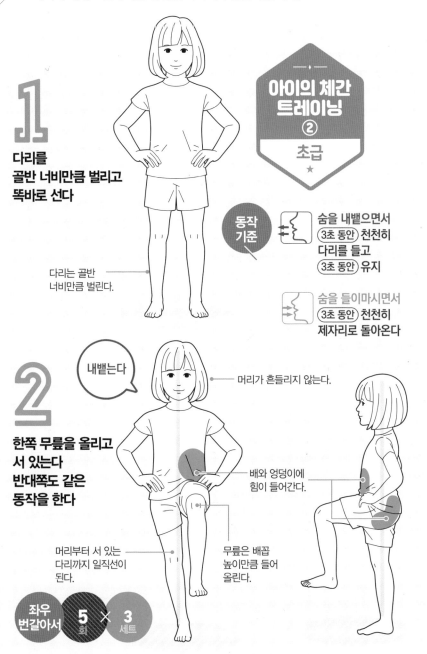

1

다리를
골반 너비만큼 벌리고
똑바로 선다

다리는 골반
너비만큼 벌린다.

동작
기준

숨을 내뱉으면서
3초 동안 천천히
다리를 들고
3초 동안 유지

숨을 들이마시면서
3초 동안 천천히
제자리로 돌아온다

2

내뱉는다

한쪽 무릎을 올리고
서 있는다
반대쪽도 같은
동작을 한다

머리가 흔들리지 않는다.

배와 엉덩이에
힘이 들어간다.

머리부터 서 있는
다리까지 일직선이
된다.

무릎은 배꼽
높이만큼 들어
올린다.

좌우
번갈아서

5
회

×

3
세트

아이의 체간 트레이닝 ③ 중급 ★★

기족과 함께하는 체간 트레이닝

동작 기준

길게

숨을 내뱉으면서 (3초 동안) 천천히 골반을 들어 올리고, 숨을 들이마시면서 (3초 동안) 천천히 제자리로 돌아온다

+

짧게

숨을 내뱉으면서 재빠르게 골반을 들어 올려서 (3초 동안) 유지. 숨을 들이마시면서 제자리로 돌아온다

1

팔꿈치를 세우고 옆으로 눕는다

팔꿈치를 바닥과 수직이 되도록 놓는다.

2

골반을 들어 올렸다가 천천히 제자리로 돌아온다

내뱉는다

옆구리에 힘이 들어간다.

머리부터 발끝까지 일직선이 되게 한다.

POINT

길게 짧게 동작을 반복하면 균형이 잘 무너지지 않고 순간적인 힘을 기를 수 있는 몸이 된다.

좌우 각각 길게 짧게 **5**회 × **2**세트

동작
기준

길게

숨을 내뱉으면서
(3초 동안) 천천히
다리를 들어 올리고
(10초 동안) 유지.
숨을 들이마시면서
(3초 동안) 천천히
제자리로 돌아온다

짧게

숨을 내뱉으면서
재빠르게 다리를
올리고 (5초 동안) 유지.
숨을 들이마시면서
제자리로 돌아온다

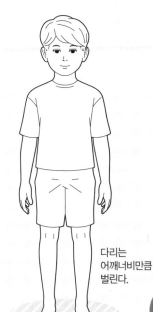

다리는
어깨너비만큼
벌린다.

아이의 체간력
트레이닝
④
중급
★★

107

1

다리를 어깨너비만큼
벌리고 똑바로 선다

좌우 각각
길게 짧게 **3** 회 × **3~5** 세트

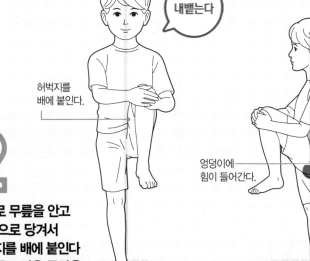

내뱉는다

허벅지를
배에 붙인다.

엉덩이에
힘이 들어간다.

2

양팔로 무릎을 안고
몸 쪽으로 당겨서
허벅지를 배에 붙인다
반대쪽도 같은 동작을
한다

아이를 위한 체간 트레이닝

잘 달리는 몸으로 만드는
체간 트레이닝

동작 기준

숨을 내뱉으면서 (3초 동안) 천천히 다리를 올린다

숨을 들이마시면서 (3초 동안) 천천히 내린다

좌우 각각

5회 × **3**세트

달리는 힘을 키우는 트레이닝 ①

1

똑바로 누워서 양 무릎을 세운다

90도

무릎은 주먹 하나가 들어갈 정도로 벌린다.

손바닥이 바닥으로 향하게 둔다.

발가락 끝과 무릎을 위로 향하게 한다.

무릎을 배꼽 위치까지 들어 올린다.

내뱉는다

90도

2

골반을 들면서 한쪽 다리를 같이 들어 올린다

배와 허벅지 앞, 등에 힘이 들어간다.

견갑골을 바닥에서 띄운다.

빨리 달리기 위해서는 몸이 흔들리지 않아야 하고 팔과 다리가 원활하게 움직여야 한다. 트레이닝을 반복하면 빨리 달릴 수 있는 몸으로 바뀐다.

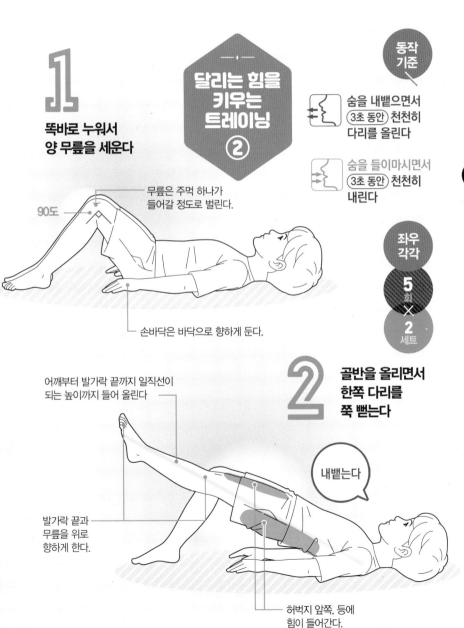

1

달리는 힘을 키우는 트레이닝 ②

똑바로 누워서 양 무릎을 세운다

90도

무릎은 주먹 하나가 들어갈 정도로 벌린다.

손바닥은 바닥으로 향하게 둔다.

동작 기준

숨을 내뱉으면서 (3초 동안) 천천히 다리를 올린다

숨을 들이마시면서 (3초 동안) 천천히 내린다

좌우 각각 5 회 × 2 세트

2

골반을 올리면서 한쪽 다리를 쭉 뻗는다

내뱉는다

어깨부터 발가락 끝까지 일직선이 되는 높이까지 들어 올린다

발가락 끝과 무릎을 위로 향하게 한다.

허벅지 앞쪽, 등에 힘이 들어간다.

28 시니어는 넘어짐 사고나 거동의 불편·치매까지 예방

아무리 나이가 들어도 체간 균형은 회복할 수 있다

젊었을 때는 빨리 회복하는 병이나 부상도 시니어는 주의가 필요하다. 특히 조심해야 할 것이 넘어짐(낙상) 사고이다. 넘어짐 사고가 원인으로 발생하기 쉬운 대퇴골 골절은 제대로 걸을 때까지 시간이 걸린다. 치료하면서 쉬는 동안에 근육은 눈에 띄게 약해져서 거동이 불편해지거나 치매가 되기도 한다. 그렇다고 넘어지는 게 무서워서 외출을 꺼리면 그것도 근력이나 신체 기능 저하를 초래한다.

넘어짐 사고는 밖에서만이 아닌 거실에서도 일어날 수 있다. 다리를 들어 올리는 장요근이 약해지면 다리를 끌게 되고 카펫이나 문턱 등에 걸려 넘어지게 된다. 또한 체간이 약해지면 균형이 무너진다. 그 결과 계단이나 현관에서 발을 헛디디거나 욕실이나 마룻바닥처럼 미끄러지기 쉬운 곳에서 넘어져 머리를 찧는 등 본인한테 가장 익숙한 장소인 집에서 크게 다치는 경우도 적지 않다.

손잡이를 설치하거나 침대나 의자 높이를 조절하는 등 환경의 정비도 중요하지만, 그것만으로 넘어짐 사고를 방지하지 못한다. 중요한 것은 잘 넘어지지 않는 몸을 만드는 일, 즉 체간 균형을 회복해야 한다. 근육은 90세가 넘어도 단련하면 효과가 있다. 또한 근력을 향상해서 스트레칭으로 유연성을 유지하는 것은 관절을 보호하는 일이기도 하다. 평생 자신의 두 다리로 걸을 수 있는 건강하고 만족스러운 인생을 목표로 삼자.

부상의 원인 1위는 넘어짐 사고(낙상)!

사고 종류별 고령자의 응급실행 수

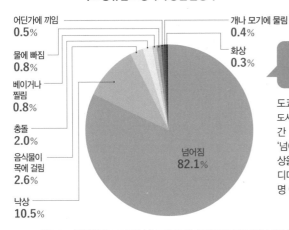

어딘가에 끼임
0.5%

물에 빠짐
0.8%

베이거나 찔림
0.8%

충돌
2.0%

음식물이 목에 걸림
2.6%

낙상
10.5%

개나 모기에 물림
0.4%

화상
0.3%

넘어짐
82.1%

'넘어짐 사고'가 전체 중 **80% 이상!**

도쿄 소방청 관내(도쿄도 중 이나기시, 도서부 지역 제외)에서 2015년부터 5년 간 부상 종류 중에 가장 많았던 것은 '넘어짐 사고'로 전체 중 80퍼센트 이 상을 차지한다. 또한 5년 동안 발을 헛 디뎌서 응급실로 이송된 사람은 27만 명 이상이나 된다.

※대상: 도쿄 소방청 관내(도쿄도 중 이나기시, 도서부 지역 제외)에서 응급실로 이송된 65세 이상
※총수: 333,234명 (사고 종류 '기타', '불명'은 제외)
　출처: 도쿄 소방청 「응급실행 데이터를 통해 본 고령자 사고」를 참고로 작성

고령자의 넘어짐 사고는 해마다 증가

고령자의 부상 중에서 가장 많이 나타나는 것이 넘어져서 다치는 사고인데, 2015년부터 2019년에 걸쳐 5년간 응급실로 이송된 사람은 해마다 증가하는 추세이다.

넘어짐 사고에 의한 고령자의 나이별 응급실행 수

(명)

| | 2015년 | 2016년 | 2017년 | 2018년 | 2019년 |

※대상: 도쿄 소방청 관내(도쿄도 중 이나기시, 도서부 지역 제외)에서 응급실로 이송된 65세 이상
※총수: 273,419명
　출처: 도쿄 소방청 「응급실행 데이터를 통해 본 고령자 사고」를 참고로 작성

시니어는 넘어짐 사고나 가동의 불편 · 치매까지 예방!

다치지 않는 몸으로!
시니어 체간 트레이닝

시니어 체간 트레이닝
초급
★

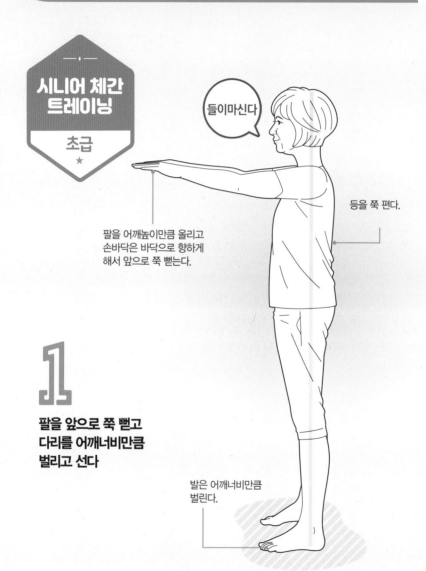

들이마신다

등을 쭉 편다.

팔을 어깨높이만큼 올리고 손바닥은 바닥으로 향하게 해서 앞으로 쭉 뻗는다.

1

**팔을 앞으로 쭉 뻗고
다리를 어깨너비만큼
벌리고 선다**

발은 어깨너비만큼 벌린다.

근육은 사용하지 않으면 점점 약해지지만, 아무리 나이가 들어도 단련할 수 있다.
건강하게 움직일 수 있는 몸을 목표로 자신의 체력에 맞게 지속해 보자.

2

자기 체력에 맞게 **10 회** × **2~3 세트**

숨을 내뱉으면서 앉는다
천천히 일어선다

내뱉는다

등을 곧게 뻗어 세운
상태로 앉는다.

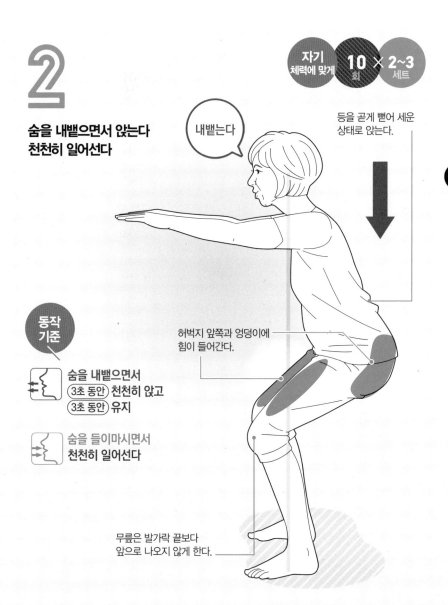

허벅지 앞쪽과 엉덩이에
힘이 들어간다.

**동작
기준**

숨을 내뱉으면서
(3초 동안) 천천히 앉고
(3초 동안) 유지

숨을 들이마시면서
천천히 일어선다

무릎은 발가락 끝보다
앞으로 나오지 않게 한다.

다치지 않는 몸으로! 시니어 체간 트레이닝

시니어 체간 트레이닝

중급
★★

1

다리를 나란히 하고 옆으로 누워
팔꿈치를 바닥에 대고 상반신을
지탱한다

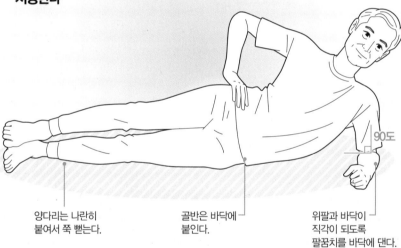

90도

양다리는 나란히
붙여서 쭉 뻗는다.

골반은 바닥에
붙인다.

위팔과 바닥이
직각이 되도록
팔꿈치를 바닥에 댄다.

자기
체력에 맞게
좌우 각각 **10**회 × **2~3**세트

2

상반신, 골반을 고정하고
한쪽 다리를 위아래로
올렸다 내렸다 한다.
반대쪽도 같은 동작을 한다

동작
기준

숨을 내뱉으면서
(3초 동안) 천천히
다리를 올렸다가

숨을 들이마시면서
천천히 내린다

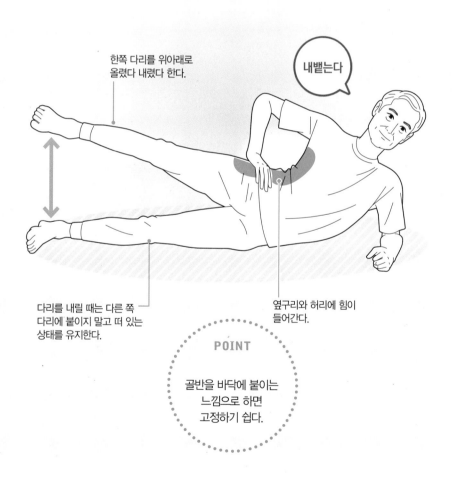

한쪽 다리를 위아래로
올렸다 내렸다 한다.

내뱉는다

다리를 내릴 때는 다른 쪽
다리에 붙이지 말고 떠 있는
상태를 유지한다.

옆구리와 허리에 힘이
들어간다.

POINT

골반을 바닥에 붙이는
느낌으로 하면
고정하기 쉽다.

다치지 않는 몸으로! 시니어 체간 트레이닝

팔다리를 들어 올려서
옆구리를 날씬하게

옆구리 살을
탄탄하게
만드는
트레이닝

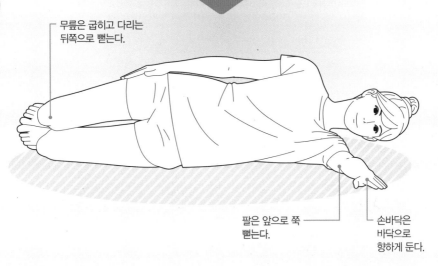

무릎은 굽히고 다리는
뒤쪽으로 뻗는다.

팔은 앞으로 쭉
뻗는다.

손바닥은
바닥으로
향하게 둔다.

1 옆으로 누워 무릎은 굽히고
팔은 앞으로 쭉 뻗는다

좌우
각각

10
회

×

3
세트

체간을 단련하면 옆구리 살을 탄탄하게 만드는 효과도 기대할 수 있다.
건강하게 움직일 뿐만 아니라 보기에도 아름다운 몸을 목표로 삼자.

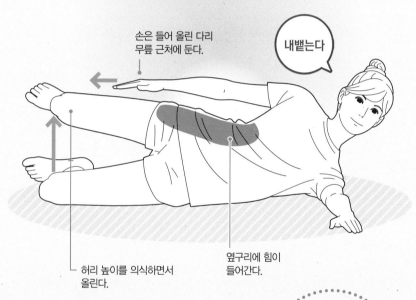

동작
기준

숨을 내뱉으면서
(3초 동안) 천천히 무릎을 들어 올려
옆구리를 자극하면서
(3초 동안) 유지

숨을 들이마시면서
천천히 제자리로 돌아온다

손은 들어 올린 다리
무릎 근처에 둔다.

내뱉는다

허리 높이를 의식하면서
올린다.

옆구리에 힘이
들어간다.

2 직선을 의식하면서
머리, 다리, 팔을 위로 띄웠다가
천천히 제자리로 돌아온다.
반대쪽도 같은 동작을 한다

POINT
떠 있는 팔을 들어 올린
다리의 무릎 가까이 닿게
하면 옆구리가 더욱 긴장
해서 운동 효과가 있다.

팔다리를 들어 올려서 옆구리를 날씬하게

내장 기관의 위치를 바로잡아 볼록 나온 뱃살 빼기

볼록 나온
뱃살을 빼는
트레이닝

무릎을 세워 다리를
나란히 둔다.

배를 부풀린다.

들이마신다

손바닥은 바닥을 향하게
둔다.

1

양 무릎을 세우고
똑바로 눕는다

자기
체력에 맞게 10 회 × 2~3 세트

아랫배가 볼록 나오는 이유는 배 주변 근육이 늘어져서
내장을 지탱할 수 없기 때문이다.
체간을 단련해서 내장의 위치를 원상태로 돌려서 체형도 다듬자.

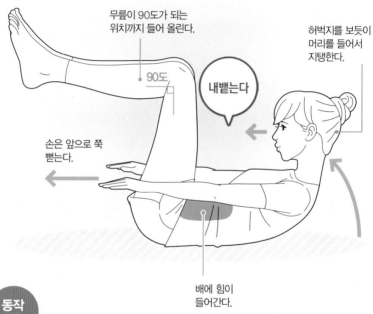

무릎이 90도가 되는
위치까지 들어 올린다.

90도

허벅지를 보듯이
머리를 들어서
지탱한다.

내뱉는다

손은 앞으로 쭉
뻗는다.

배에 힘이
들어간다.

**동작
기준**

숨을 내뱉으면서
(3초 동안) 천천히
무릎을 들어 올리고
(3초 동안) 유지

숨을 들이마시면서
(3초 동안) 천천히
제자리로 돌아온다

2

**손을 쭉 뻗고 머리와 무릎을
들어 올린다**

어깨 뭉침 격퇴!
VWT 운동

어깨결림을
해소하는
운동

머리 뒤쪽에서
손을 깍지 낀다.

등을 쭉 늘린다.

1

똑바로 서서
머리 뒤쪽에서 양손을
깍지 낀다

동작
기준

각 동작을
3초 씩 유지

자세가 무너지면 근육의 감소나 혈행 불량을 초래해서 만성적인 어깨결림이 된다.
호흡을 자연스럽게 하면서 어깨 주변을 제대로 움직여서 혈행을 촉진하자.
어깨 주변 근육을 단련하는 효과도 있다.

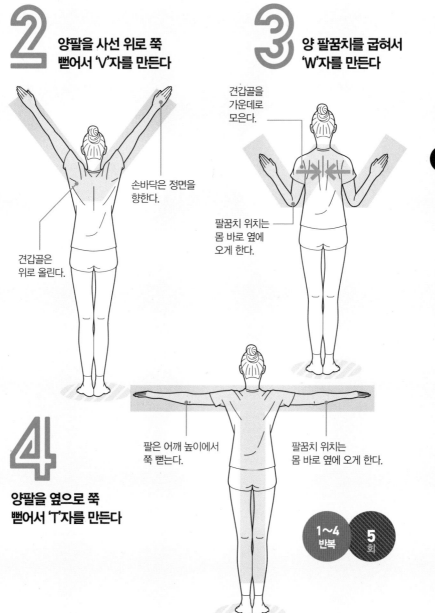

2 양팔을 사선 위로 쭉 뻗어서 'V'자를 만든다

손바닥은 정면을 향한다.

견갑골은 위로 올린다.

3 양 팔꿈치를 굽혀서 'W'자를 만든다

견갑골을 가운데로 모은다.

팔꿈치 위치는 몸 바로 옆에 오게 한다.

4 양팔을 옆으로 쭉 뻗어서 'T'자를 만든다

팔은 어깨 높이에서 쭉 뻗는다.

팔꿈치 위치는 몸 바로 옆에 오게 한다.

1~4 반복 5 회

등을 쭉 늘려서
요통 개선

가족과 함께하는 제2 트레이닝

요통 해소
운동

1

**똑바로 누워서
한쪽 무릎과 한쪽 팔을
위로 올린다**

배를 부풀린다.

들이마신다

손바닥은 천정을
향하게 한다.

발끝을 위로
향하게 한다.

같은 쪽 무릎과
팔을 올린다.

요통을 개선하기 위해서는 몸의 축을 똑바로 세우는 것과 유연한 근육을 만드는 게 중요하다. 의식적으로 등을 쭉 늘려 보자.

2

**등에서부터 허리를 바닥에 붙인 상태에서 쭉 늘린다.
반대쪽도 같은 동작을 한다**

**동작
기준**

숨을 내뱉으면서
(3초 동안) 천천히
몸을 늘린다

숨을 들이마시면서
천천히 제자리로
돌아온다

등을 쭉 늘려서 요통 개선

내뱉는다

손바닥이 천정을
향하게 한다.

배와 등에 힘이
들어간다.

POINT

팔과 다리를 늘릴 때
등에서부터 허리를 바닥에
붙인다는 생각으로
하면 더 잘 늘어난다.

**좌우
각각**　**5회**

29 체간을 단련하는 최고의 워킹법

워킹의 상승 효과로 이상적인 건강 체계를 만든다

마지막으로 아주 특별한 트레이닝인 '체간 밸런스 워킹'을 소개하려고 한다. 워킹은 별다른 운동 습관 없이도 쉽게 할 수 있는 전신 운동이다. 다리만 봐도 대퇴 사두근, 햄스트링, 내전근, 전경골근, 하퇴 삼두근과 같이 여러 근육을 단련할 수 있다. 전신 혈액 순환도 좋아지고 신진대사가 활발해져서 냉증 개선에도 좋다. 지방이 연소되어 별로 힘을 들이지 않고도 다이어트가 가능한 유산소 운동이기도 하다. 게다가 체간 트레이닝 요소까지 더하면 상승 효과로 인해 더욱 건강한 몸이 된다.

체간 밸런스 워킹은 처음에는 드로인 운동을 몇 번 해 주면 체간을 의식하기 쉬워진다. 걸을 때는 등을 곧게 펴고 턱을 가볍게 당겨서 시선은 정면을 본다. 어깨 힘을 빼고 견갑골은 가볍게 모으고 팔은 살짝 안쪽으로 흔든다. 보폭은 자기 발이 하나나 하나 반 정도 넓이가 좋다. 포인트는 하나의 줄 위를 걷는다는 생각으로 걷는 것이다. 배에 힘이 빠지면 자세가 무너지기 쉽고 피로나 요통의 원인이 되므로 복부 근육을 의식하면서 배에 힘을 주고 걷자.

체간이 안정되면 몸 전체의 근육을 효율적으로 사용할 수 있게 되어 관절에 가해지는 부담이 줄고, 오래 걸어도 쉽게 피곤해지지 않는다. 걷기는 가장 쉽고 간단한 일상 동작 중 하나이다. 그러니 더욱 정확한 자세와 걷는 법으로 체간을 단련하면서 걷도록 하자.

지금 당장 할 수 있는 체간 밸런스 워킹

걷기는 일상의 자연스러운 동작으로 의식하지 않은 상태에서 걷기 동작을 하는 사람도 많은데, 사실 걷기는 다이어트 효과가 있는 유산소 운동이다. 배에 힘을 주고 정확한 자세로 걷기만 해도 체간을 단련할 수 있다.

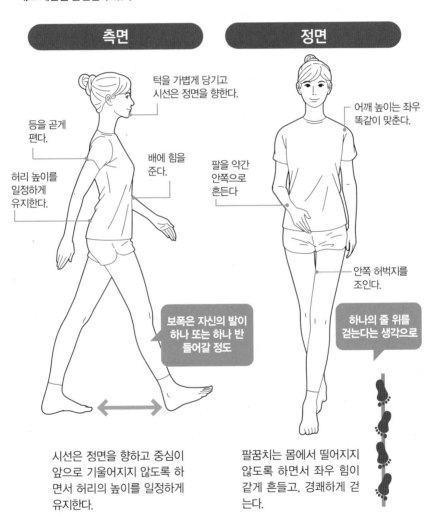

측면

- 턱을 가볍게 당기고 시선은 정면을 향한다.
- 등을 곧게 편다.
- 배에 힘을 준다.
- 허리 높이를 일정하게 유지한다.

보폭은 자신의 발이 하나 또는 하나 반 들어갈 정도

정면

- 어깨 높이는 좌우 똑같이 맞춘다.
- 팔을 약간 안쪽으로 흔든다
- 안쪽 허벅지를 조인다.

하나의 줄 위를 걷는다는 생각으로

시선은 정면을 향하고 중심이 앞으로 기울어지지 않도록 하면서 허리의 높이를 일정하게 유지한다.

팔꿈치는 몸에서 떨어지지 않도록 하면서 좌우 힘이 같게 흔들고, 경쾌하게 걷는다.

체간 트레이닝을 하는 데 나이는 문제 되지 않는다. 근육은 나이와 상관없이 단련할 수 있다. 뭔가 하나라도 아주 소소한 것이라도 좋으니 오늘부터 실천해 보자.

자신의 몸이 '달라졌다'는 것을 느끼고 매일의 생활이 이전보다 훨씬 건강하고 경쾌해졌다고 실감하면, 체간 트레이닝을 지속하는 동기 부여가 될 것이다. 그리고 내가 원하는 나를 만드는 데 강력한 지원자가 되어 줄 것이다.

'지속하는 것이 힘이다'라는 말이 있다.

이 책을 계기로 좀 더 많은 사람이 자신의 가능성을 발견해서 건강하고 풍요로운 삶을 다시 시작할 수 있기를 바란다.

일반사단법인 JAPAN 체간 밸런스 지도자협회 대표
고바 가쓰미

오늘부터 시작하는 체간 트레이닝

잠 못들 정도로 재미있는 이야기

체간

2023. 7. 5. 초 판 1쇄 인쇄
2023. 7. 12. 초 판 1쇄 발행

지은이 | 고바 가쓰미(木場克己)
감 역 | 민경훈
옮긴이 | 양지영
펴낸이 | 이종춘
펴낸곳 | BM (주)도서출판 **성안당**

주소 | 04032 서울시 마포구 양화로 127 첨단빌딩 3층(출판기획 R&D 센터)
10881 경기도 파주시 문발로 112 파주 출판 문화도시(제작 및 물류)

전화 | 02) 3142-0036
031) 950-6300

팩스 | 031) 955-0510
등록 | 1973. 2. 1. 제406-2005-000046호
출판사 홈페이지 | www.cyber.co.kr
ISBN | 978-89-315-5828-9 (04080)
978-89-315-8889-7 (세트)

정가 | 9,800원

이 책을 만든 사람들
책임 | 최옥현
진행 | 정지현
교정 · 교열 | 장윤정
본문 디자인 | 이대범
표지 디자인 | 박원석
홍보 | 김계향, 유미나, 정단비, 김주승
국제부 | 이선민, 조혜란
마케팅 | 구본철, 차정욱, 오영일, 나진호, 강호묵
마케팅 지원 | 장상범
제작 | 김유석